Dedicado a las cuatro personas que más han influido y están influyendo en mí:

Mi madre, mi padre, mi mujer y mi hijo.

ÍNDICE

PRÓLOGO

Fue el poeta cubano José Martí quien señaló:

"Hay tres cosas que cada persona debería hacer durante su vida: plantar un árbol, tener un hijo y escribir un libro".

Él comentaba que, por supuesto, no es una filosofía universal que deba aplicarse a todos los mortales, sino que es un parámetro de lo que significa "trascender".

"Trascender" es dejar una huella, que hablen de nosotros a partir de nuestras acciones durante nuestra existencia y que hablen bien, claro. Que seamos fuente de inspiración y ejemplo a seguir para otros.

Pues bien, Pedro Hispán a sus 45 años ya puede decir que ha hecho realidad, en su persona, esa célebre frase del poeta.

El autor de este libro es una de esas personas que, con suerte, encuentras una vez en la vida. De esas personas que te hacen ser mejor persona y que aportan un plus especial a la vida de aquellos con los que se relaciona.

Con él todo es sencillo, porque todo lo normaliza, a todo le da una explicación y a todo se pone manos a la obra.

Es de esas personas HUMANAS con mayúscula, a quien le gustan los HUMANOS.

El libro que ahora tienes entre tus manos y que, por una razón u otra, estás a punto de comenzar a leer, ha nacido de la pasión y la acción, ya que si algo define a su autor son esas dos palabras: PASIÓN Y ACCIÓN.

Un libro fiel reflejo de la opinión y las vivencias de su autor en el mundo de las ventas y en el de las relaciones personales, con la humilde pretensión de aconsejar, guiar y motivar a aquellos a los que les apasiona esta profesión, o a aquellos, a los que sin llegar a apasionarles, puedan llegar a disfrutar de su día a día con sus clientes y sus negociaciones.

Pasión, acción y servicio forman la personalidad del autor de este libro, al que le gustaría plantar una semilla en el interior de cada uno de sus lectores, para fortalecerlos como persona guiándolos en el camino del buen hacer.

Y desea que a lo largo de las líneas de este libro consigas lo que la escritora francesa Françoise Sagan expresó en cierta ocasión:

"La verdadera felicidad consiste en dormir sin miedo y despertar sin angustia".

Montserrat Espínola

INTRODUCCIÓN:

Era el 7 de Enero de 2020, cuando comencé a escribir este libro con la esperanza de ayudar, en algún aspecto, al vendedor que lo tenga en sus manos.

Plasmo en él mi experiencia como comercial durante 20 años en primera línea de fuego y doy unos consejos prácticos y útiles para que progreses día a día.

Describo, a mi parecer, las competencias y actitudes necesarias que debes desarrollar para realizarte en esta profesión.

Una profesión que al no estar reglada, al no tener titulación académica, ha sido la salida rápida para muchas personas.

Para disfrutar de ella, necesitas de una formación continua que, en la mayoría de las ocasiones, corre por cuenta del vendedor.

Mi veteranía me ha demostrado que sin formación pronto tendrás que dejar esta profesión, puesto que las ventas cada vez son más técnicas y especializadas.

Los cambios son continuos y más aún después de lo que estamos viviendo debido al COVID 19. Por lo tanto, la forma de solucionar los problemas de nuestros grupos de interés también será algo diferente.

Por todo ello, no cabe otra opción que estar suficientemente preparado y alerta de todo lo que ocurre a tu alrededor.

1

FORMACIÓN Y ACCIÓN

Debemos absorber todo el talento de la gente que nos rodea, pareja, hijos, vecinos, compañeros, superiores, clientes, de la competencia también, y si somos capaces de ESCUCHAR, todos los días tendremos una *masterclass* GRATUITA.

Estamos en un entorno volátil, incierto. Para combatir esta amenaza debemos reciclarnos y estar continuamente formándonos. La forma de dirigirnos al cliente, los canales de venta, todo es válido para hoy, pero mañana no sabemos y por ello, necesitamos estar continuamente aprendiendo.

Cada uno puede elegir la forma de hacerlo que más se adapte a su forma de ser y conciliarlo con el resto de obligaciones diarias.

Gracias a las nuevas tecnologías, se abre un abanico de posibilidades para formarnos mucho más allá de las exclusivamente presenciales, que antes se reducían a cursos oficiales, talleres, libros, conferencias, etc.

Actualmente, a todo lo anterior, le podemos sumar los audiolibros, que son muy cómodos, como los *audiopodcast* especializados, cursos online, videos de cualquier área y casi todo GRATIS, gracias al conocimiento compartido, que quizás en wikipedia tiene su mayor expresión.

Todas estas posibilidades de formación son iniciativas de cada profesional que seguro ayudan a las que de manera puntual se impartan en tu empresa, y si no es así solicítalas, porque seguro que también tienen alguna opción que te interese.

Yo, en los *podcast* especializados en ventas y crecimiento personal he encontrado una herramienta para la formación que me parece increíble. Auténticas joyas de forma gratuita. Son conferencias o charlas de especialistas en diferentes materias. Hace unos años esto habría sido impensable, reunir tanto conocimiento al alcance de cualquier persona. Eso sí, sólo necesitas tener ganas de aprender.

Es una estupenda opción para utilizar en los desplazamientos. Pasamos 500 horas anuales de media metidos en el coche. Debes ser consciente de esto y aprovechar parte de ellas para formarte. Muchas personas han aprobado cursos u oposiciones estudiando en sus desplazamientos. Esto marca, y mucho, la diferencia entre las personas: querer hacer las cosas y pasar a la acción.

Pero de todas las maneras de formación que conozco, hay una que me gusta especialmente:

"LA ESCUCHA".

Sí, sí, sólo ESCUCHA, al cliente, a los clientes de tus clientes, a otros vendedores que coinciden contigo en el punto de venta y a tus compañeros en el día a día.

Esta forma de aprender, es súper eficiente, porque la realizas en tu jornada laboral, no te cuesta un céntimo y si fueses capaz de ser consciente de todo lo que se aprende en un día en la calle, te quedarías sorprendido.

Solo necesitas ser curioso y querer mejorar.

Cuando estés desayunando en una cafetería, observa al vendedor que entra a ofrecer su producto, observa la reacción del propietario del establecimiento, observa también el lenguaje corporal de ambos y sobre todo observa la reacción del propietario cuando se marcha el vendedor.

¡Puedes sacar tanto simplemente con el poder de la observación!

Después poco a poco irás mejorando tus habilidades para concordar mejor con las personas. Al final esto se reflejará en la mejora de tus resultados.

Pero todo el conocimiento que adquieras, que absorbas, de nada sirve sin la famosa "ACCIÓN".

Si no la pones en práctica, de nada te servirá ni el mejor máster que puedas pagar.

No hay que volverse loco pensando que por hacer muchos cursos o asistir a muchos talleres de ventas nuestros resultados mejorarán.

Hay que ser conscientes que menos es más.

Es mejor poner el foco y pasar a la acción en algo básico y concreto, y hacerlo, que divagar queriendo abarcar lo inabarcable.

Hay tantas posibilidades de formarnos que, a veces, es fácil despistarse y olvidar nuestro objetivo. No debemos ser acumuladores de datos, ni padecer Diógenes digital.

Debemos focalizar y actuar.

Un ejemplo: los jugadores de fútbol calientan en la banda para estar listos para saltar al terreno de juego. Pero si sólo calientan y calientan, aparte de desmotivarse, porque ese no es el objetivo, acabarán con un magnífico estado físico, pero sin la posibilidad de meter gol.

Es preferible saltar al campo con la posibilidad de cansarte, equivocarte o lesionarte que simplemente estar como mero espectador.

Parafraseando al gran monologuista Leo Harlem:

"¡¡¡VAMOS A CENTRARNOS!!!"

El conocimiento por el conocimiento está bien si tu objetivo es ser el erudito mayor del reino. Pero si lo que quieres es ser mejor vendedor, tu obligación es cortita y al pie, es decir:

FORMACIÓN y ACCIÓN.

La formación es fundamental porque nuestra profesión es cada vez más técnica, debido a la complejidad de los productos, de los procesos, de los canales de venta, de las herramientas comerciales, de las aplicaciones, de la saturación del mercado y sobre todo, por lo informado que está el cliente del 2020.

Cuanto más preparado estés, más sencillo te será vender, menos errores cometerás, antes llegarán los resultados, menos tiempo emplearás y más feliz serás ejerciendo esta espectacular profesión. Además, te evitarás muchas preocupaciones porque los problemas los resolverás más eficientemente.

Cuando empecé a trabajar en el sector Alimentación y HORECA, me daba muchísimo respeto, por no decir miedo, afrontar algunas situaciones complicadas que surgían con ciertos clientes. Actualmente, gracias a la formación, las problemáticas del día a día las resuelvo con un grado de ansiedad ínfimo.

Así que ponte las pilas o mejor aún, ponte sólo una pila y da un paso, y así sucesivamente, para que no tengas sólo conocimientos sino también lo principal, COMPETENCIAS.

La formación es lo que diferencia al vendedor medio del vendedor de alto rendimiento. La persona que tiene en su agenda reservados unos días u horas a la formación son los que van a destacar por encima de la media. Los grandes vendedores tienen claro que tienen que seguir aprendiendo.

Te comentaba antes, la necesidad de ser curioso, observador y fijarnos en todo lo que pasa a nuestro alrededor, en nuestra jornada de trabajo y así retener conductas o habilidades que nos interesen de otras personas.

No se trata de copiar, pero sí de fijarnos, adaptar o modificar aquello que nos haya llamado la atención de cualquier acción de venta que hayamos presenciado.

Muchas empresas tienen como estrategia comercial, una de seguimiento que es totalmente válida, totalmente lícita y sobre todo que también da buenos resultados.

¿En qué consiste la misma?

Seguro que se te vienen a la cabeza, rápidamente, empresas que comercializan productos muy similares a las empresas líderes.

Una parte de la estrategia de seguimiento consiste en fijarte en qué está funcionando en el mercado y ser muy ágil para lanzar tu producto o servicio no muy tarde con respecto al producto que ya está triunfando.

Como tu inversión dista mucho de lo que ha tenido que afrontar la empresa líder, puedes tener un producto en la calle con menor importe, incluso mejorado, pero con menor valor, aunque esto último lo deciden los mercados y el consumidor.

Cogiendo otro símil de entrenamiento deportivo, y en este caso de mi deporte favorito, siempre estoy deseando salir a entrenar con ciclistas mejores que yo. Mi amigo y paisano Juanma Bolívar, actual campeón en categoría Máster 40, de la vuelta ciclista a Andalucía MTB 2019, fue el que me introdujo la vena competitiva del ciclismo.

He seguido a rajatabla la infinidad de consejos que me ha dado para mejorar lo antes posible y cometer menos errores que si entreno a mi libre albedrío. Siempre que puedo salgo con él para fijarme en todo aquello que hace y para conseguir ese plus e intentar acercarme a él aunque sólo sea un poquito.

Pues en el mundo de las ventas pasa igual. Fíjate en los buenos vendedores, absorbe información y plásmala en la calle adaptada a tu forma de ser.

Todo esto puedes ampliarlo buceando en el *benchmarking* que explica todas sus características y ventajas.

Así que, ponte manos a la obra.

Si no quieres o puedes gastar dinero o tiempo en una formación reglada o no encuentras el canal para seguir formándote, lo tienes muy sencillo con la Universidad de la calle.

En muchas ocasiones decimos que nos hemos formado en ella. Es totalmente cierto que para muchísimos emprendedores y empresarios de éxito, su formación ha sido el ensayo-error del día a día. El éxito lo han conseguido gracias a estar continuamente frente al cliente, sumado a unas habilidades innatas para relacionarse con las personas. Además de unas ganas desmesuradas de aprender desde la autocrítica, la pro-actividad y la automotivación.

Si tienes esa forma tan eficiente de adquirir conocimientos, no dejes pasar tantos trenes, sin coger ninguno. Con sólo subirte a uno, cada día, es más que suficiente.

Si como vendedor no tienes esa motivación que te lleva a la acción para autoformarte y no tienes ese afán de innovación, con más motivo debes estar atento a todo aquello que pasa a tu alrededor en tu jornada laboral.

Ya te adelanto que son cientos de detalles diarios, que si los observas, absorbes y actúas, crecerás profesionalmente sin gastarte un céntimo.

Hay montones de ejemplos de productos, servicios o empresas que han triunfado gracias a fijarse en algo que ya está en el mercado, modificarlo, adaptarlo y sacarlo a la calle. Desde *Facebook,* que es una adaptación de una idea original de otras personas, hasta el *McAuto de McDonald,* inspirado en los cajeros automáticos de los bancos.

Observa y mejora para llegar tan alto como te propongas.

Tu objetivo es ser un vendedor innovador, disruptivo, diferente, proporcionar valor a tus grupos de interés y por lo tanto, crearte una MARCA PERSONAL.

Mientras tanto, como ya he comentado, hay otras estrategias muy válidas que ayudan a mejorar resultados, puesto que son muy eficientes y eficaces, introduciendo la observación, la absorción y la acción.

¿Por qué crees que triunfan muchas franquicias?

No todos los emprendedores quieren o están capacitados para lanzar al mercado un negocio nuevo, producto o servicio, y prefieren la seguridad de acogerse a una franquicia que ya funciona.

De esta manera, ya tienen bastante ganado y pueden dedicar sus esfuerzos, a otras gestiones del negocio, que también requieren unas habilidades y unos recursos enormes. Y aún así, no lo tienen fácil.

Hay muchos vendedores y emprendedores que están esperando reinventar la bombilla, pero como no dan con la tecla, se quedan inmóviles y no actúan, esperando una iluminación divina que en el 99,99999% de los casos no llegará jamás.

No pretendas sacar un producto o servicio sin defectos, porque siempre estarás en la casilla de salida, pero sin dar el primer paso.

Sácalo y luego vendrán las modificaciones oportunas, porque el mercado o el cliente te lo demandarán.

Lánzate a la acción, luego corregirás y seguirás aprendiendo de tu propia experiencia.

En tu día a día, debes utilizar la observación y la escucha para mejorar constantemente. Seguro que recuerdas algo que haces porque lo mimetizas de otra persona, o alguna frase que has incorporado a tu léxico porque se las escuchaste a otro y te gustó.

Eso mismo hay que hacer de las buenas acciones que veamos en nuestros compañeros y competencia.

Ya lo hacen grandísimas empresas.

¿Por qué no lo vas a hacer tú?

¿Por qué vamos a conferencias?

Para aprender conocimientos útiles.

No seamos orgullosos para caer en el pecado de creernos vendedores exitosos y, mucho peor aún, cuando los resultados no acompañan.

Mi orgullo es intentar mejorar cada día y cuando algún compañero tiene buenos resultados en algún área, le invito a un café para que me cuente cómo lo está haciendo.

Cuando coincido con vendedores, te aseguro que cada día les veo hacer cosas que me gustan y otras que no.

OBSERVA Y ABSORBE, pero sobre todo ACCIÓN.

De esta manera, todos los días aprendes algo nuevo que hacer y algo que no hacer.

Créate una imagen personal con el objetivo de ser diferente al resto de vendedores, que de entrada, esa cualidad ya la tienes, porque cada persona es única e irrepetible.

Si no eres el mejor, o no eres diferente, tendrás que ser el del precio más económico y ésa te aseguro que no es una buena estrategia.

La palabra copiar, puede ser, que la tengamos interiorizada como algo no muy positivo, pero nada más lejos de la realidad.

Para adquirir conocimientos es una de las formas más eficaces y que todo ser utiliza. Desde que nacemos imitamos a nuestros padres, para adquirir el lenguaje, sus conductas en diferentes situaciones.

Ponte como objetivo, la próxima semana, fijarte en cualquier vendedor con el que coincidas en un punto de venta. Observa la forma de saludar, su lenguaje, el corporal también, si escucha lo suficiente, presentación de producto o servicio, la manera de rebatir las objeciones, el cierre, su despedida, y si ves que hay algo que tú no haces y a él le funciona:

CÓPIALO.

Y en tu próxima visita ACCIÓN, es decir, ponlo en práctica, pero siempre adaptándolo a tu forma de ser y si es mejorado, mucho mejor.

De nada sirve que presenciemos al cabo del mes miles de acciones de venta y que las que funcionan no las pongamos en práctica. Sí, sí, miles de acciones de venta.

Fíjate también en el tendero tradicional de tu barrio, en el camarero del restaurante donde sueles ir con la familia. Todos los días tenemos estas acciones delante de nosotros. Sé consciente de ellas. Es así de fácil, así de sencillo, así de eficaz, así de eficiente y así de barato.

¡Aprovéchalo!

El pasado sábado fui a comprar churros a una cafetería para llevarlos a casa. Estaba azotando en toda España la tormenta "Gloria" y Granada no se libró de ella. Día invernal, lluvia, cero grados de temperatura, todo ideal para ir a comprar churros y desayunar en casa, con mi mujer e hijo.

Cogí el coche, porque diluviaba, llegué a la cafetería y nada más entrar me relajé al sentir el olor a café recién molido. Disfruté del momento y de saber que era fin de semana y podría disfrutar de mi familia al 100%. Le pedí al camarero churros para tres.

Muy hábilmente me preguntó:

-"¿Quieres chocolate *calentico*?".

- "No, gracias, sólo los churros".

- "¡Mira que luego te arrepientes de lo cremoso y dulce que está!", me contesta él.

¿Qué crees que hice? Pues sí. Le pedí sólo un chocolate para mi hijo, con el siguiente mosqueo de mi mujer por no haberle llevado otro a ella.

Además, el camarero, tuvo otro detalle. Mientras en cocina marchaban los churros, él que me había preparado el chocolate para llevar en un vaso isotérmico y viendo que se podía enfriar, lo colocó encima de la cafetera.

¿No me digas que no es para copiar toda su acción de venta? Consiguió destapar esos beneficios ocultos de su servicio. Volveré sin dudarlo.

Como este ejemplo, pasan a diario junto a ti cientos de pequeños detalles, que realizados de manera excelente o extraordinaria dan una clase magistral de cómo relacionarse con el cliente.

El vendedor avispado que los detecte, los amolde y mejore será el que destaque del resto.

Fíjate, te hablo de pequeños detalles, no de grande gestas.

No me cansaré de repetir que la formación es la base de todo, tanto para la vida como para las ventas. Si estás bien formado, serás un magnífico improvisador porque los conocimientos que ya tienes te lo permitirán.

No te creas que los vendedores que improvisan, es porque tienen un arte o un don especial. Nada de eso. Es porque tienen mucho trabajo y preparación antes de estar cara a cara con el cliente.

También los consumidores cada vez estamos más informados. Puede ser que, incluso de más, pero eso nos da un poder de elección que antes de la era digital no existía.

Apareció el *showrooming,* el cliente/consumidor utiliza los establecimientos físicos para ver los productos, comparar precios en sitios webs y luego decide dónde comprar.

Los *marketplace,* que ponen en contacto vendedores y compradores vía *online* están creciendo vertiginosamente. *Amazon, eBay, Booking, Infojob* son algunos ejemplos.

También surge esta modalidad, a menor escala, para darle solución a comercios locales, asociaciones, ayuntamientos que quieren dar una opción digital a su cliente.

¡Imagínate el nivel de vendedor que debemos adquirir para estar alineados con esta situación!

Hay gigantes de la venta online que están acaparando ciertos sectores casi al 100%, y no sabemos hasta dónde llegarán.

Como dice mi amigo Andrés Rodríguez:

-"Sólo estamos viendo la punta del iceberg de lo que va a venir". Así que los vendedores debemos formarnos, formarnos y después FORMARNOS.

En mi familia hay muchos médicos. Mi cuñado Jesús, al que siempre he admirado por ser el médico de la familia, por guiarme en la vida con buenos consejos, por hacerme sentir que tenía un segundo padre si lo necesitaba. Mi hermana y él tienen dos hijos, Eva y Álvaro. Los dos son médicos y los quiero con locura porque son únicos por su cercanía y cariño hacia todos. Marina, la novia de Álvaro, también es médico y ha entrado en la familia con el pie derecho porque se hace querer. Patricia, la mayor de mis sobrinos, a la que adoro por esa condición y porque admiro su esfuerzo y lucha por cumplir su sueño, también es médico.

Desde que tengo uso de razón y conocí a mi cuñado hasta la actualidad, siempre he visto a los galenos de mi familia formándose.

Nuestra profesión, como todas, necesita de una formación continua, porque de lo contrario en un año, estás obsoleto. Y actualmente, en la era de la información en seis meses estás fuera de onda.

Así que observa y absorbe la calle, adquiere libros de ventas y/o inteligencia emocional, escucha *podcast*, asiste a conferencias, grupos de networking, cursos online, pero HAZLO que no vienen años fáciles para nuestro gremio.

Con referencia a las lecturas, aquí te dejo algunas de gran utilidad:

- "Gran Vendedor" de Ricardo Ramos

- "Vendedor Ninja" de Josué Gadea

- "Vender más y mejor" de Raúl Sánchez Gilo.

- "51 Consejos de venta" de Raúl Sánchez Gilo.

Te recomiendo este último en especial.

Otra magnífica opción es que contrates tutorías individuales con profesionales de materias en concreto en las que tengas una debilidad. Alexandra Barragán es especialista en gestión del tiempo. Seguro que la inversión te merece la pena.

Rodéate siempre de los mejores profesionales que puedas y si son personas positivas mejor aún. Fíjate en ellos y sigue sus pasos.

Apártate de los mediocres y de los ladrones de energía porque en esta profesión nuestra, es importantísimo tener un perfecto equilibrio emocional.

Hay muchos estudios que afirman que las cinco personas con las que pasamos más tiempo influyen mucho en la forma de ser de cada persona.

Pues sé consciente de esto y absorbe lo mejor de cada uno para crecer personal y profesionalmente.

Ese crecimiento pasa por elegir muy bien a las personas con las que te relacionas porque afecta directamente a tu personalidad.

Crea reuniones periódicas con amigos o conocidos que tengan talento, en un ambiente medio profesional y seguro que surgen montones de ideas. Pero, eso sí, siempre rodeado de personas positivas y que aporten.

Y te vuelvo a repetir: FORMACIÓN/ACCIÓN.

No vayas a caer en la formación sin más, puesto que esto te llevará a una parálisis de la acción segura.

Ocurre igual con el análisis del análisis, que siempre te dejará insatisfecho y hará que vuelvas a analizar.

Así que análisis, mediación de resultados, obtención del dato y acción.

Da igual que seas vendedor junior, senior, jefe de equipo, directivo, emprendedor o empresario de éxito. Todos, sin excepción, debemos estar atentos a lo que ocurre a nuestro alrededor.

Ten ganas de mejorar, actitud positiva, sé proactivo y elige el método de formación que mejor se adapte a tu forma de ser.

Si tienes claro que es fundamental dedicarle tiempo a la formación, te aseguro que será el tiempo mejor invertido de la semana.

Prioriza en la formación y tus resultados te lo agradecerán.

¡¡¡HAZLO!!!

2

MÁS CALLE Y MENOS ENTER

En los últimos años, el comercio electrónico está arrasando. Tanto es así que el cierre de establecimientos tradicionales, en muchos sectores, es de dos dígitos anuales, es decir, caídas del 10% o más.

Las compras *online* han superado ya a las ventas *offline*. Sabemos que en 2019 el propietario de una compañía que vende, exclusivamente, por Internet se ha convertido en el hombre más rico del mundo.

Seguro que te vienen a la mente otros portales o empresas que venden sólo vía *online* y se están haciendo de oro.

Esto es una realidad y llegó hace unos años para quedarse.

Proliferan a un ritmo incontrolable las aplicaciones y herramientas digitales, tanto de uso personal como de uso profesional.

Son unas fuentes inagotables de recursos, que bien utilizadas, reportan directamente ventas o prospectos.

No hay que perder de vista a la inteligencia artificial, la realidad virtual y la necesidad de nuevas aplicaciones informáticas para poder estudiar la inmensidad de datos que se manejan a todos los niveles. A nivel comercial también.

Esto es el famoso *Big data*.

Me muevo muy bien *en el online*, tengo redes sociales, utilizo un sinfín de aplicaciones. Incluso en el año 2007 hice una página web con el programa de diseño *dreamweaver* y subía los contenidos con *filezilla*.

Es decir, que no me asusta para nada la era digital ni las nuevas tecnologías. Pero soy un amante del cara a cara, de mirar a los ojos y de percibir presencialmente lo que sienten las personas.

Me encanta ser un vendedor que visita a treinta clientes todos los días, e intento utilizar las llamadas de teléfono, *apps*, *emails*, redes sociales, pedido *online* y el *whatsapp* lo menos posible para conseguir dar el mejor servicio y la mejor experiencia de compra a mis clientes.

Sin embargo, utilizo todas las herramientas posibles para ser más eficiente, para tener el embudo de ventas siempre lleno de posibles clientes, lanzar publicidad, recoger información y poder formarme gracias a todas las nuevas posibilidades virtuales que tenemos.

Dicho esto, hay que tener la mente fría. No dejarse arrastrar por la moda y la corriente, porque todas las nuevas posibilidades digitales te pueden distraer. Te pueden desenfocar fácilmente, si no reflexionas sobre ello.

Puede darte la sensación de que si no estás continuamente publicando cosas interesantes en *LinkedIn* o adquieres la opción *sales navigator*, no estás en la onda correcta. Que si no ves diez vídeos de *youtube* o escuchas diez *podcasts* al día, estás anticuado.

Cuidado con la tentación, porque la tenemos al alcance de la mano y como siempre, en lo simple está el éxito.

No hay que irse a los extremos, pero tampoco puedes anclarte en el pasado y no tener una presencia considerable en el *online*.

Para saber qué tiempo debes invertir en el *online* o en el *offline* para conseguir tu objetivo a corto y medio plazo, te recomiendo lo siguiente:

Debes definir, lo más concreto posible, el tiempo invertido en todas y cada una de las acciones que realizas para conseguir más y mejores ventas.

Por ello, también debes definir el tiempo que dedicas a los recursos digitales.

Dedica un día, días o una semana a este ejercicio y reflexiona para decidir, en un futuro próximo, a cuál de estas actividades le vas a dar más importancia, inversión, foco o esfuerzo.

Al final del ejercicio puede salirte 50% *online* 50% *offline* o 10/90 o 30/70.

Lo importante es que lo definas tú.

Veo a muchas personas invirtiendo lo más valioso que tenemos, que es nuestro tiempo, sin tener claro ni el por qué, ni el para qué. Es decir, sin visión ni misión.

Siento decirte que no hay una regla exacta para saber qué método es el mejor o qué plan de acción funciona mejor que otro. Cada producto/servicio y sector es diferente. Además, cada vendedor tiene unas habilidades propias, diferentes al resto.

Por lo tanto, el método empleado por cada profesional ha de ser distinto.

Yo utilizo un sistema diferente al de mis compañeros y a todos nos va bien con el nuestro.

Vendemos, exactamente, los mismos productos, en la misma ciudad, al mismo público objetivo y con las mismas condiciones.

Ten claro que esto es muy particular de cada persona. No hay ninguna Biblia que te diga, sin opción al error, lo que debes hacer.

Cuando lo tengas definido, seguro que tienes un porcentaje dedicado a las nuevas herramientas digitales para conseguir negocio, y así debe ser. Pero revisa periódicamente el retorno que te da, porque surgen nuevas opciones muy interesantes o simplemente porque no te estén dando resultado las que utilizas.

Como siempre, el ensayo/error, análisis y cambio, es una ley ganadora.

El 60% de los clientes/consumidores son multicanal. Adquieren sus productos/servicios por distintas vías.

Debes tenerlo en cuenta y definir el canal predominante por el que llegar más fácilmente a tus clientes, sin abandonar el resto de posibilidades que existen y que están emergiendo.

La gran formadora y conferenciante Mónica Mendoza nos advierte que nos enfrentamos a un cliente atípico, cambiante y exigente.

Ten en cuenta también, que sólo por estar presente en el *online* no quiere decir que te esté siendo productivo. Como en el *offline,* hay que formarse para ser eficiente.

Si la formación continua siempre ha sido fundamental, muchísimo más lo es ahora porque la tecnología avanza a un ritmo vertiginoso.

El *social selling* es un recurso más para conseguir prospectos en esta era digital. Debes utilizarlo en mayor o menor medida dependiendo de tu producto y sector, pero es una opción que debes tener muy en cuenta.

Te animo a que profundices más en este tema con bibliografía o *webs* especializadas

Tienes la posibilidad de utilizar diversas herramientas gratuitas para mejorar tu imagen, crear una marca personal de valor, o conseguir ventas directamente.

Si unas no te funcionan debes elegir otras.

Eres un vendedor del 2020.

Interiorízalo y adáptate a la nueva situación porque no tienes otra alternativa.

Formarte en las nuevas tecnologías es un pilar en el que tienes que apoyarte para ser más eficiente y tener mayor calidad de vida.

Ten claro tu método de trabajo y ve puliéndolo hasta conseguir grandes logros. Incluso si tu sistema te está dando buenos resultados, sigue buscando fuera de tu zona de confort, porque siempre hay posibilidad de hacerlo mejor, de hacerlo más rápido o de hacerlo más eficiente. Es decir, de ser más productivo.

Por lo tanto es fundamental, para definir el tiempo invertido en cada canal o herramienta, ser un auténtico profesional.

Para ello debes conocer a la perfección tu producto, tu competencia y tu mercado.

Ahora toca trabajar tu base de datos de clientes. Si tienes un CRM (*Customer relationship management*) con la segmentación hecha, pues mejor, pero si no, tampoco es imprescindible.

El motivo principal y capital es saber donde están tus "peces" para decidir la mejor estrategia para llegar a ellos de la manera más eficiente.

A día de hoy, te quiero recomendar que al elaborar tu plan de trabajo definas exactamente donde están tus clientes potenciales.

Por ejemplo: ¿si tus clientes no están LinkedIn, para qué quieres invertir mucho tiempo en esa opción? La jornada laboral es la que es.

Por supuesto que hay que tener una cuenta abierta porque, quizás, tus clientes actuales no estén hoy, pero mañana sí.

Hay que estar preparado y en posición de salida siempre, para que nunca nos pillen con el paso cambiado.

Yo he decidido dedicarle quince minutos al día a esa red social. Tú debes decidir el tiempo que estás invirtiendo ahí, pero siempre teniendo claro que debes analizar si realmente te está generando negocio, contactos o información de interés.

Yo vendo en el sector de Alimentación y HORECA, donde aún falta mucho por desarrollar en esta red social.

Pero me viene bien, sobre todo, por artículos interesantes, vídeos, novedades, entrevistas, es decir, contenidos de valor, que hay compartidos en esta red.

En estos contenidos he encontrado una fuente inmensa de sabiduría de la cual aprendo a diario, pero no encuentro un retorno directo en forma de prospecto.

Quizás porque no lo estoy haciendo bien.

Quizás porque mi sector utiliza otras herramientas, otras redes sociales.

Quizás el detallista prefiere que lo visiten en su negocio.

Quizás porque esta red social está enfocada para ventas entre empresas y no para ventas a consumidores finales. El minorista no encuentra en ella a su potencial cliente y por eso no invierte mucho tiempo en ella.

Repito, no consigo prospectos y según mi análisis, detecto que mis clientes se mueven muy poco en esta red.

Ese es mi caso en particular y la revisión que he hecho, acertada o no es la mía.

Tú debes hacer lo mismo porque cada sector, cada producto, cada mercado, cada público objetivo tiene sus connotaciones específicas y no hay una regla común para todos.

A las particularidades anteriores, también tienes que sumarle las habilidades y conocimientos de cada vendedor.

Cada perfil de persona, por lo tanto de vendedor, se maneja con más o menos destreza en el *online*.

Ya sabes que hay, por lo menos, cuatro o cinco redes sociales muy punteras. Debes ser tú, quien decida en cuáles estar, porque previamente has detectado tu audiencia perfecta en ellas.

Debes estar presente en tantas como te estén generando un retorno interesante. Eso lo debes decidir tú, pero por el mero hecho de estar no es suficiente. Esto tenlo muy claro.

A día de hoy, tengo cuenta abierta en *LinkedIn, Instagram* y *Facebook,* por ahora suficiente, mañana no lo sé. He decidido invertir mi tiempo y habilidades en ellas en vez de estar presente en todas.

Tanta tecnología es casi imposible de asimilar y en muchas ocasiones produce un efecto rebote. Se produce todo lo contrario. Cada vez hay más personas que quieren ir más despacio y volver a las relaciones mucho más básicas y sencillas.

Mi estupendo primo Alfredo, que muchos años se ha dedicado a la hostelería, regentando distintos negocios en Granada y Málaga es un ejemplo de esto que te comento.

Es arquitecto técnico y su empresa se dedica a la construcción, reforma y rehabilitación de viviendas. Aparte de ser un magnífico aparejador y diseñador, es un vendedor único del que aprendo muchísimo cada vez que nos vemos. Pues él, decidió hace cuatro años vivir sin *whatsapp*. Se dio cuenta de que no era, en absoluto, necesario para la gestión de su negocio, ni para conseguir clientes nuevos y sí se percató de que le estaba quitando un tiempo primordial que prefirió dedicárselo a sus seres queridos.

Cuando queremos hablar, nos llamamos por teléfono y no pasa absolutamente nada. Tampoco tiene cuenta abierta en LinkedIn y te puedo asegurar que su negocio le va tremendamente bien. Como siempre menos es más.

Como ves, no hay una regla exacta sobre el uso de las nuevas herramientas, ni de la red social LinkedIn.

Voy a intentar aclararte el tiempo que debes emplear en ella con dos ejemplos de diferentes vendedores.

Mi amigo desde la niñez, Gerardo, del que he aprendido infinidad de cosas y lo considero de mi familia, es un vendedor muy eficaz en el sector energético. Él ofrece solución a todo tipo de establecimientos y empresas para sus contratos de suministro eléctrico. Al comerciante, al minorista, no lo encuentra en esta red social, así que adapta su método de conseguir prospectos por otros canales más tradicionales u otras redes sociales.

Él consigue al cliente porque es muy inteligente y utiliza el método que le funciona. Así de sencillo.

Caso diferente sobre el uso de LinkedIn es mi íntimo amigo Luis. Vende bases jurídicas a los despachos de abogados. Él tiene que invertir más tiempo a esta red, puesto que ese sector se mueve muchísimo en esta red social. Luis es un vendedor único, híbrido perfecto de la vieja y nueva escuela. Aprendo mucho de él, porque siempre aprovechamos nuestras salidas en bici, además de para hacer deporte, para contarnos batallitas de nuestros trabajos. Y esto es semanalmente.

Como él dice: "Socio, somos unas cotorras".

LinkedIn está teniendo una progresión asombrosa para conseguir resultados comerciales, pero debes segmentar tus clientes y poner el foco en lo que te esté dando resultado de tu inversión digital.

Además, el objetivo de esta red es estar fuera de ella.

Te explico: gracias a ella te creas una marca personal y llegas a los posibles clientes con el objetivo de una cita, ya sea telefónica, presencial o para mandarle un presupuesto vía *email*.

Tu objetivo deber ser llegar al cliente para establecer una relación comercial y no solamente quedarte en la virtualidad.

Te informo también, que esta red penaliza, y mucho, a los usuarios que pretenden vender productos o servicios directamente a través de ella. No debes utilizarla para eso. Esta red es para conseguir información interesante, compartir publicaciones que aporten valor y conseguir contactos.

Así de sencillo y básico es mi consejo sobre el tiempo que debes invertir en LinkedIn.

Si tus peces están, debes estar más tiempo.

Si no, focaliza en otra forma de conseguir clientes.

Focaliza en otra forma de generar negocio.

Esta recomendación es también extensible a *Facebook*, que sí la utilizo bastante más a nivel profesional y personal.

Los vendedores que visitamos semanalmente a nuestros clientes, adquirimos una confianza y cercanía con ellos, diferente a otros tipos de venta.

A esta forma de vender al detallista se le ha conocido como "preventa", cosa que detesto y dedicaré un capítulo a explicártelo.

Facebook, aunque surgió más tarde, llegó antes al juego de las redes sociales de masas en España.

Comparto amistad con muchos clientes con los que tengo una relación muy estrecha por esta red. Siempre es bueno sociabilizar, pero siendo coherente con lo que publicas. Simplemente con sentido común esta red te puede ayudar a ganarte la confianza de tus clientes y que te conozcan más como persona, que no debe distar mucho de cómo te ven como vendedor.

Me apoyo mucho en ella para compartir información. Es una manera muy cómoda de expandir información o contenidos interesantes de tu servicio/producto y conseguir un acercamiento del prospecto mucho menos invasivo que otras formas de conseguirlo.

Es una manera muy amigable de conseguir que el posible cliente se fije en tu empresa o producto. Puedes utilizar distintos perfiles o crear páginas de tu negocio o servicio para utilizarlas, exclusivamente, a título profesional y así poder segmentar a tu audiencia en función de los criterios que a ti te interesen.

Cada cual tiene su casuística, pero lo importante es saber de dónde te están llegando los clientes.

A mí me funciona mejor una red social que otra, pero tengo amigos a los que les reportan más negocio otras que a mí no. Es una decisión muy particular que tiene que estar cimentada en ese análisis para saber si está dando los resultados previstos.

Todas las herramientas que utilizas como vendedor, las digitales también, tienen que ser aprovechadas para ser lo más productivo posible en el menor tiempo.

Eso pasa por determinar un método de trabajo y analizar si te está dando resultado.

Si cuelgas en *youtube* vídeos semanales interesantes que te reportan prospectos, pues continúa.

Si con un blog consigues aumentar tu reputación y referidos, pues sigue así.

Si te has especializado en webinarios, los publicas en *Instagram* y tu audiencia te reporta contactos o ventas, te recomiendo que continúes.

Si has conseguido atraer prospectos gracias al *marketing* digital con una estupenda campaña de *email marketing,* pues sigue sumando.

Si te has especializado en campañas de contenidos y el *inbound* marketing te reporta negocio, debes continuar con esa estrategia.

Todas estas nuevas herramientas están para sacarles todo su jugo, pero utiliza las que te estén dando resultado y más se adapten a tu forma de ser y/o habilidades.

Recuerda: menos es más.

A nadie se le escapa que para realizar todas estas tareas se requiere de mucha formación· y de TIEMPO.

Debemos focalizar. A menudo observo que muchos vendedores pierden, literalmente, su tiempo por culpa del "ENTER" y me explico.

Creo que ya te he dicho que me encanta el trato directo con las personas. Por lo tanto, con el cliente, soy VENDEDOR y vendedor de mirar a los ojos al toro.

Lo siento, pero me pone.

Sin embargo veo un exceso de "titulitis" donde las empresas tienen mucha culpa, debido a que denominan a los vendedores con un sinfín de nombres.

Los vendedores que asumen ese nuevo "rol" pierden el foco de lo realmente importante. Y eso es: el cliente y la venta.

¿Qué somos?:

VENDEDORES, y acepto COMERCIALES.

Pero,... ¿DELEGADO COMERCIAL, PROMOTOR, GESTOR PUNTO DE VENTA, PREVENTA, AGENTE, PRESCRIPTOR, VIAJANTE, SALES MANAGER, KAM?

¿Tú crees que al cliente le interesa mucho la nomenclatura que le demos a nuestro puesto de trabajo o cargo? Y si ya te fijas en los nombrecitos que aparecen debajo de cada vendedor en su perfil de *LinkedIn*,...

¡Alucinas en colores!

Ves el perfil de cinco vendedores y debajo figuran cinco profesiones diferentes. Ninguna se repite.

Con lo sencillo que es decir: "SOY VENDEDOR".

Al de KAM le tengo una antipatía especial, lo reconozco.

¡Con lo fácil que es decir que eres el responsable de las grandes cuentas de la compañía en la zona!

¿De verdad piensas que le llega mejor al cliente, *Key account manager,* que responsable de grandes cuentas o cuentas clave?

¡Piénsalo!

Hay que buscar concordancia con el cliente y no asustarlo desde el primer instante con "nombrecicos" impronunciables.

Si trabajas en una gran ciudad y eres el responsable de vender a grandes cadenas de hostelería como *VIP, Tommy mel's, RODILLA* etc., pues quizás la denominación *KAM* no esté del todo mal. Pero te puedo asegurar que responsable de cuentas clave también lo entienden.

Los otros nombrecitos también se las traen:

¿DELEGADO COMERCIAL?

En una editorial que trabajé, me pusieron ese nombre en la tarjeta de visita.

¿Glamuroso?

A mí no me lo parece y creo que al profesor universitario que visitaba, tampoco. Él lo que quería era tener una persona que le resolviera eficientemente los problemas que le surgieran, y lo tuviera al día en todas las novedades de su área.

Total, seguro que muchos vendedores no lo ven como yo, pero si incido en este tema es por lo siguiente:

¿GESTORES?

Claro que somos gestores, y administrativos, y repartidores, y asesores, y cobradores, y tantas y tantas cosas más, pero nos pagan por:

¡¡¡VENDER!!!

Y con esta "titulitis" hay algunos vendedores que emplean su jornada laboral en estar detrás de un ordenador perdiendo el foco de lo que es realmente importante, perdiendo el contacto con el cliente, y por tanto con la venta.

¡Que no somos ni gestores, ni consultores, que somos...: VENDEDORES!

Nuestro trabajo consiste en guiar en todo el proceso de venta al cliente, proporcionándole una experiencia inmejorable.

Así de simple y así de fácil.

¿En todo el proceso de venta hacemos otras cosas?

Claro que sí.

Pero lo más importante es que nuestra propuesta sea única y solucione su necesidad.

¿Sabes cómo?

Te lo voy a explicar:

- Dándole la información técnica que necesita.
  Pero no somos técnicos.
  Somos VENDEDORES.
- Guiándolo con buenos consejos para su negocio o empresa. Pero no somos asesores.
  Somos VENDEDORES.
- Facilitándole en tiempo y forma la documentación pertinente.
  Pero no somos administrativos.
  Somos VENDEDORES.
- Ayudándole en el día a día para que su experiencia contigo perdure.
  Pero no somos gestores.
  Somos VENDEDORES.
- Entregándole algún pedido en momentos puntuales.
  Pero no somos repartidores.
  Somos VENDEDORES.
- Facilitándole la forma de pago.
  Pero no somos cobradores.
  Somos VENDEDORES.

¡Y tantas cosas más que hacemos como VENDEDORES!

No te compliques.

Vete a lo simple.

Eres VENDEDOR y para perdurar en esta magnífica profesión tienes que desarrollar con maestría todas esas funciones mencionadas y muchas más.

Tenemos que ser nosotros los que dignifiquemos nuestra profesión y la denominemos por su nombre.

A mi manera de entender, el resto de términos para denominar nuestra profesión están de más.

Así de claro y así de rotundo.

Soy vendedor por total vocación y saco pecho cada vez que digo: "SOY VENDEDOR".

Los vendedores del 2020 tenemos muchísimas más competencias que los vendedores de los años 80, pero no por eso tenemos que inventarnos nombres impronunciables.

Mi mujer es profesora, al igual que eran sus padres.

¿Crees que las funciones de mi mujer en el 2020 son las mismas que las de mis suegros en los 80?

Claro que no.

Mi mujer tiene una carga administrativa y de recursos *online* que antes no existían. Y no por eso la vamos a denominar gestora educativa o asesora estudiantil, por ejemplo, ¿verdad?

Ella es profesora y punto.

Con todo esto te quiero decir, que si tu método como vendedor es el lunes a primera hora de la mañana, encender el ordenador sin planificación previa de la semana, mucho me extrañaría que tus resultados sean los deseados.

Debes tener claro los hábitos que te llevarán a ser un magnífico profesional. Esos hábitos que se convertirán en rutinas ganadoras.

Si los resultados no te acompañan, quizás sea porque eres uno de esos vendedores que están más tiempo frente al ordenador, que frente al cliente.

Apóyate en las nuevas herramientas para ganar en eficiencia y en calidad de vida, tanto profesional como personalmente.

No seas como mi hámster Peque, que se sube en la rueda, corre, y cuando termina cansado, se baja, pero está en el mismo sitio, no ha avanzado.

Nos pagan por nuestro desempeño laboral, por saber nuestro rol en la compañía y ejecutarlo eficientemente, no por echar horas. Todas tus acciones deben estar encaminadas a generar negocio.

Todas las herramientas son para generar más y mejor negocio.

Reflexiona sobre esto, por favor.

Si vendes en el sector de gran consumo y HORECA, el cliente está en la calle a día de hoy. Mañana no sabemos.

Está en el cara a cara, en el ¡toc! ¡toc!, en el soy Pedro Hispán y vengo a ayudarte en tu negocio, en gastar suela de zapato pateando calles. Y no parapetado detrás de un ordenador, que te lleva a que una vez a la semana tengas que ir al fisioterapeuta para que te den masajes en el dedo meñique de tanto darle al ENTER.

Incluso actualmente que muchos auguraban que la virtualidad iba a ser la única forma de relacionarse con los clientes por culpa del coronavirus, sigo argumentando que la presencia del vendedor en los establecimientos es vital para conseguir la venta.

Cuando trabajaba en Pearson Educación, el método que daba resultado era diferente. Para informar al profesor universitario funciona muy bien el ENTER. Es decir, hacerle llegar los recursos e incluso la venta vía correo electrónico. Aunque siempre intentaba visitarlo presencialmente a no ser que fuese imposible por horarios.

Cada producto/servicio, sector y mercado tiene unas características diferentes.

Otro ladrón de tiempo es el famoso EXCELL. Está claro que necesitamos medir los resultados, tener información y datos, pero la sobre-información no siempre aporta mejoras y sí merma tiempo.

Ya sabes que el Excell lo aguanta todo y es capaz de aburrir hasta a Bill Gates.

Puedes estar liado con él los días que quieras, segmentando, frecuenciando, pedido medio, ratio, visitas, referencias por clientes, descuentos excedidos, ratio conversión, etc., etc. Pero siempre con el objetivo de sacar datos precisos e importantes para reconducir tu método, tu estrategia y por tanto, marcar un nuevo plan de acción.

Te puedo asegurar que si dedicas más tiempo a estar frente al cliente, todos estos parámetros mejorarán sin tener que preocuparte por ellos.

Es mucho más eficaz darle una vuelta a tu CRM visitándolos por el canal que sea, que si le das siete vueltas al mismo frente al ordenador y no actúas.

Todas estas herramientas están para generar negocio, tenlo claro. Debes utilizarlas para ser más eficiente y conseguir vender más y mejor.

Quizás es que tengo alma libre y callejera. Pero en serio, prioriza y deja las cuestiones administrativas en un segundo plano. ¡Porque eres VENDEDOR!

Este es otro ejercicio muy sencillo, pero necesario que hagas. Dedica un día a cuantificar cuántas horas estás frente al cliente y cuántas las dedicas a otras labores: reuniones, revisar informes, liquidaciones, documentación, despachos individuales con tu superior, desplazamientos, etc., etc.

Tu ratio tiene que ser 90% visitas, 10% otras gestiones. Si tienes más de un 10% en otras gestiones, recondúcelo porque estás desenfocado.

Algunos expertos recomiendan el 75% frente al cliente. Pues yo soy más exigente y te digo que debes estar el 90% en el cara a cara o en contacto directo con el cliente, puesto que no son, ni se esperan tiempos plácidos para las ventas.

Guárdate ese 10% sólo para el resto de tareas donde también tendrás que mejorar y ser mucho más eficiente.

Las nuevas tecnologías nos ayudan mucho a los vendedores porque los informes, noticias, catálogos, ventas, novedades, promociones, formación, etc., llegan vía *mail* e incluso, las reuniones se hacen por videoconferencia.

Las *PDA o tablets*, que utilizamos los vendedores, están utilizadas solo al 20% de su capacidad, sácale todo su rendimiento.

Sácale partido, también, a toda la información y documentos que puedes compartir con tus compañeros o empresa en una nube y así acceder a ellos desde cualquier lugar.

Reduce las visitas a la oficina comercial o delegación al mínimo porque sólo en desplazamiento estás perdiendo mucho tiempo.

A nadie se le escapa que hay otro tipo de gestiones que debemos hacer los vendedores aparte de estar frente al cliente. Pero colócalas siempre en ese horario donde no entorpezcan a la visita al cliente y nunca al revés.

Todas esas tareas las dejo para primera hora o última de la jornada laboral, pero nunca a mitad de la mañana. Cuando tienes organizada tu actividad diaria todo fluye porque la mente sabe que las otras gestiones tienen su momento reservado y no vas a hacerlas mientras debes estar frente al cliente.

Yo para eso soy muy metódico, incluso en mi vida personal.

Si estoy trabajando, estoy trabajando, y si estoy de copas con los amigos, estoy de copas con los amigos. Pero mezclar ambas cosas no creo que sea lo correcto o por lo menos a mí no me funciona.

Es más eficiente tener estructurado el día y dejar cada tarea para el momento que le tienes destinado y no abusar de la multitarea. Con ésta pierdes muchísimo tiempo sólo con el salto de una a otra. Y, por supuesto, no antepongas las otras gestiones a la entrevista con el cliente, ya sea presencial, telefónica o por alguna aplicación.

Tienes que prestar toda tu atención al aquí y ahora y estar tranquilo porque el resto de tareas tienen su momento reservado.

Tienes la obligación de discernir lo que es importante de lo que no. Saber separar el grano de la paja y ser muy eficiente, para así trabajar menos y ser mejor profesional. Así conseguirás tener un gran desempeño laboral, es decir, ser muy productivo.

Si tienes un método eficiente, tus rutinas serán ganadoras.

A las personas que le falta tiempo para realizar sus funciones y tiene que cogerlo de su tiempo personal es porque ni revisan, ni modifican su plan y por ello siempre van a remolque o con malos resultados.

Revísalo y cambia de metodología.

Por eso te advierto y te animo a que no te pierdas frente al ordenador o *Smartphone* pensando que estás generando negocio cuando no es así.

Y si es así, ¡enhorabuena! Continúa con ese método. Porque cada persona, cada sector, cada mercado tiene unas características específicas que cada cual tiene que evaluar. Si la fórmula puesta en marcha te está dando los resultados esperados, si son acordes con tu objetivo, no hay nada más que añadir, pero si distan mucho de lo previsto, cámbialo rápidamente.

Está claro que las empresas especializadas en venta *online* deben dedicarle casi toda su jornada a estar junto a la pantalla.

Pero si no es tu caso, como no es el mío:

¡¡¡MÁS CALLE Y MENOS ENTER!!!

3

¿FUERA O DENTRO DE LA ZONA DE CONFORT?

Hay una corriente generalizada en la sociedad que nos invita a SALIR DE NUESTRA ZONA DE CONFORT.

Parece el entrenador de fútbol que arenga a sus defensas a que corran hacia el campo contrario para dejar a los delanteros del equipo rival en fuera de juego.

TRANQUILIDAD, por favor.

Quien denominó zona de confort acertó de pleno.

Era el año 1908 y fueron los psicólogos Robert M. Yerkes y John D. Dodson.

Encuentro muchas incongruencias con este tema. De un lado escuchamos que la vida está fuera de nuestra zona de confort, pero por otro, también se nos aconseja que reforcemos aquello en que somos buenos y nos sentimos seguros.

¿Entonces?

Pues está claro que ambas afirmaciones son ciertas, y a las cuales me suscribo, pero creo que hay un poco de obsesión al respecto.

En casa, nos encantan los libros de psicología cognitiva de psicólogos como Rafael Santandreu. Todos sus libros son excelentes. O de inteligencia emocional como "La Vida es Venta" de la psicóloga/vendedora Inés Torremocha. Ellos explican perfectamente lo que es salir de nuestra zona de confort.

Me tomo la libertad de explicarte lo que es para mí salir de esta famosísima zona.

Te adelanto que soy una persona activa, de acción. Soy presidente de un club deportivo, coordinador de la sección de ciclismo del mismo; organizador de una carrera de bicicletas de montaña que este año será la VI edición y cuyos beneficios donamos siempre a la AECC; coordinador deportivo y de voluntariado de mi empresa en Granada.

En general, amante de las actividades solidarias. En Noviembre de 2019 organizamos una jornada deportiva para recaudar fondos para Granada AUTISMO. La siguiente actividad será para la Fundación DIABETES CERO,...

Total, que a nivel personal me muevo bastante.

No sé si eso es estar dentro o fuera de la zona de confort, pero sí te digo que algunos de estos retos me producen, como poco, incertidumbre.

Pues a nivel profesional me pasa igual.

Ningún día pongo el despertador a la misma hora; ningún día hago las cosas de igual manera que el anterior; siempre estoy buscando nuevas formas de conseguir clientes, pero a la vez soy consciente de mis fortalezas para apoyarme en ellas.

Es crucial agarrarte a las cosas que se te dan bien para afrontar el reto de salir, continuamente, de la zona confortable.

"Discutiendo" con mi mujer sobre lo que significa para cada uno de nosotros salir de la zona de confort, ella argumenta que es hacer algo nuevo, algo diferente, algo radicalmente opuesto a tus rutinas.

Ponía el ejemplo de que para ella salir de la famosa zona, sería hacer El Camino de Santiago y dormir en albergues.

Hace tres años, hice por primera vez El Camino de Santiago del Norte, con mi íntimo amigo Seve. Comenzamos en Irún y lo hicimos en bici a una media de 105 kms diarios en ocho jornadas de pedaleo. Dormíamos en los típicos albergues para el peregrino y para nosotros cuanto más auténticos y cutres, casi mejor. La verdad es que con Seve iría al fin del mundo sabiendo que nada malo me podría ocurrir.

¡A mí, en absoluto, me pareció salir de la zona de confort y eso que nunca había tenido una experiencia similar!

Supongo que reunir en una misma actividad, turismo rural, turismo gastronómico, deporte, amistad y experiencia religiosa no es para mí salir de la zona de confort.

Este tema es totalmente subjetivo porque está ligado a las aptitudes y actitudes de cada individuo.

Bajo mi humilde punto de vista, no creo que salir de la zona de confort signifique hacer cosas extraordinarias, ni ser el número uno en innovación disruptiva, ni inventar la cuadratura del círculo.

Significa hacer algo diferente a lo habitual con lo que no te sientas a gusto a priori. Salir de la rutina y hacer las cosas de una forma nueva y diferente, aunque de antemano te causen algo de inseguridad o incluso, miedo.

No te cierres a las mismas actividades, hábitos, metodología, porque hay muchas posibilidades fáciles y sencillas donde desarrollarte para conseguir mejores resultados.

Si tus rutinas dan un resultado excelente es porque tu método funciona y debes seguir adelante con él, pero siempre buscando nuevas opciones, porque todo es mejorable.

El vendedor que haciendo bien pocas cosas obtiene buenos resultados debe preocuparse menos de este tema, aunque siempre sean saludables los pequeños cambios. Pero el que no llega nunca a los objetivos, sí tiene un serio problema anclado en hacer las cosas de la misma forma.

¡¡¡PÁRATE!!!

Analiza tu jornada laboral. Piensa tranquilamente qué partes de tus funciones laborales te disgustan y que, por lo tanto, no las desarrollas bien o ni las tocas. Seguro que hay más de una. ¿Ampliar referencias en tus clientes?, ¿cobros?, ¿captación?, ¿reportes?, ¿documentación y trámites administrativos?

Son muchísimas las funciones que tenemos otorgadas y seguro que alguna la dejas de lado.

Te voy a contar una breve historia:

Estuve, cuatro años enteritos, en la venta directa en editorial Planeta y otros cuatro meses vendiendo por teléfono diseño de páginas webs y en Canal+. Tan sólo hacía captación de clientes. Mi función era ser cazador de nuevas altas.

Gracias a estas experiencias hago prospección a puerta fría por inercia, pero creo que hay otras formas muy eficientes de conseguir al cliente.

El prospecto del 2020 necesita un acercamiento menos intrusivo y tenemos que salir de la zona de confort para conectar con él más y mejor.

En otro capítulo dedicado, exclusivamente, a la captación, te explicaré cómo lo hago para conseguir más clientes de una manera muy sencilla.

Intenta ir girando tus hábitos hacia esas actividades que te cuestan más y así conseguirás reforzarlas.

Mejorar tus debilidades te hará crecer, te hará sentirte más completo, te hará diferenciarte de la competencia. Porque te hará ser un vendedor más global, más excelente, más 360º.

Para llevarlo a cabo, menos es más. Así que simplemente céntrate en algún pequeño cambio que puedas incorporar a tu jornada laboral y ACCIÓN.

Proponte ese pasito que sabes que te cuesta dar en algunas de tus funciones y verás como los resultados mejoran.

Hay que moverse en ese espacio que hay entre la zona de confort y la zona de pánico.

Cuando nos trazamos objetivos estratosféricos, nuestra mente se paraliza porque lo ve inalcanzable. Esa zona, es bien llamada, zona de pánico.

Algunos expertos recomiendan moverse, continuamente, en el espacio que hay entre las dos zonas, algo que me parece lo más inteligente.

Defiendo salir de la zona de confort, pero ya te adelantaba que dentro de ella, también, debes sentirte fuerte y se pueden conseguir magníficos resultados.

Otro de mis queridísimos amigos, una de esas personas de las que hay pocas, tiene una expresión muy propia. Ochando, lo llamamos por su apellido, suele decir cuando quiere paz:

-"Este fin de semana nos vamos al pueblo a estar junto a la chimenea, agustico, calentico".

Por si no lo sabes, la terminación "-ico" la utilizamos mucho los granadinos.

Su mujer Pamela, mi mujer y yo, nos miramos sonriendo cada vez que lo dice porque es muy habitual en él. Con esto nos quiere decir, que después de días intensos, necesita estar en esa situación confortable para descansar y recobrar fuerzas.

Pues eso mismo debes hacer como vendedor. Reforzar aquellas fortalezas que tienes para ir saliendo de vez en cuando de tu zona confortable y así conseguir mejores resultados.

A continuación te expongo otro ejemplo de estar fuera y dentro de la zona de confort.

En 2015 unos amigos y yo decidimos organizar una carrera de bicicletas de montaña en memoria de un amigo que había fallecido de cáncer, Guillermo.

El reto asustaba bastante. Salimos de nuestras rutinas diarias de un salto.

Desde ese año, mi binomio en estos eventos ha sido Conchi, prima del homenajeado. Sabiendo que ella está al frente conmigo, todo fluye fácilmente y eso me relaja bastante.

Cuando sales de la zona de confort, también tienes la posibilidad de conocer a personas tan estupendas como ella y a su marido Víctor. Este es otro de los beneficios que tiene salir de lo cotidiano.

Cada año lo hemos ido repitiendo y ya nos movemos como pez en el agua.

El primer año de la organización todo eran preocupaciones, todo eran miedos. Gracias a que hemos ido adquiriendo conocimientos y competencias, lo hemos ido disfrutando más cada vez.

Pues eso es lo que debes hacer como vendedor. Salir fuera a probar cosas diferentes, pero volver a tus fortalezas y potenciarlas gracias a esas nuevas experiencias.

Los vendedores de éxito saben moverse perfectamente dentro y fuera de ella, según la situación o entorno.

Se mueven ágilmente de un lado a otro.

Es obligación de cada vendedor saber cuáles son sus fortalezas y sus debilidades. Es de una vital importancia.

Esto con el famoso DAFO (acrónimo de Debilidades /Amenazas / Fortalezas / Oportunidades) lo consigues sin problema.

Pero mejor haz un FODA. Invierte las sílabas. Empieza por tus fortalezas y oportunidades y luego continúas con las debilidades y amenazas. Este pequeño giro a la hora de analizar cualquier situación te hace verlo con más positivad. Esta recomendación, como muchas otras, se la debo al gran Vicente Saucedo.

Ten en cuenta que las fortalezas/debilidades son intrínsecas a cada persona y las amenazas/oportunidades son externas.

Tómate el tiempo que necesites para descubrir lo que hay en ti, pero hazlo más pronto que tarde.

Si te cuesta hacerlo solo, pide ayuda a tu compañero, superior o incluso pareja para llevarlo a cabo.

Cuando ya lo tienes definido, céntrate, esta vez, en tus fortalezas y sé consciente de en qué eres bueno.

Por ejemplo, si eres perseverante, las prospecciones te serán más fáciles de realizar; si tu fuerte es la determinación, terminarás casi siempre con éxito lo que te propongas; si eres empático, detectarás las necesidades de tu cliente; si eres honesto, conectarás desde el primer momento.

Existen montones de habilidades y cada uno de nosotros somos mejores en unas más que en otras. Identifícalas para cambiar tu método en torno a ellas.

Como ya también, tienes identificadas tus debilidades, desarrolla un plan de mejora para cada una.

Este simple ejercicio de detectarlas y querer mejorarlas hará despegar tus resultados.

No dejes que el día te atropelle. Ahora tienes analizado tu FODA, pasa a la acción y retoca esas aptitudes que debes modificar.

Todo esto es muy importante ya que el cliente, en tan sólo un minuto, es capaz de detectar en qué somos buenos y en qué flaqueamos.

Ten en cuenta la multitud de vendedores que tus clientes ven al cabo de un sólo día.

Hace unos años, mi empresa me mandó a un curso a la Universidad privada Francisco de Vitoria en Madrid. Bueno, era un ascenso en el plan de carrera y nos premiaban con este curso.

Allí coincidí con diez compañeros de otras delegaciones.

Siempre es enriquecedor coincidir con empleados de tu empresa y compartir batallitas del día a día ya que hablamos el mismo idioma.

Los ponentes del curso eran externos a la compañía. Todos unos auténticos fuera de serie en el campo de las ventas y de la psicología.

La dinámica de presentación del primer día fue que cada asistente debía escribir su nombre y provincia de la que provenía.

El gran Vicente Saucedo, ponente de esa jornada, nos pidió que nos presentáramos brevemente.

Hicimos la ronda de presentación y acto seguido nos invitó a que anotásemos una característica que nos hubiera llamado la atención de cada uno de los participantes.

Terminado el ejercicio nos entregó a cada uno el folio con las cualidades que los demás compañeros habían percibido de nosotros.

Y,... ¿Qué crees que salió?

¡¡¡TODOS NOS QUEDAMOS ALUCINADOS!!!

El 80% de las cualidades anotadas por el resto de compañeros coincidían con nuestra forma de ser, con nuestra personalidad.

¡Tan sólo habíamos hablado un minuto!

Obviamente no fue casualidad, Vicente sabía perfectamente lo que iba a suceder.

Tengo guardado ese folio como oro en paño. De vez en cuando le echo un vistazo para reforzarme más en ellas.

¡Así que imagínate si los clientes nos conocen!

Identifica todas las muchas virtudes que tienes para sacarles todo el partido. Sin olvidar que fuera de la zona confortable, está la diferencia entre ser un vendedor al uso o ser un vendedor con marca personal.

4

NEURÓTICO

Sí, sí, estoy neurótico.

Neuroventas, neurolingüística, neuromarketing,...

Estas disciplinas han llegado para quedarse porque conocer cómo funciona nuestro cerebro da para unos siglos.

Tengo que reconocer que este tema me pone un poco nervioso.

No sé si tendrá algo que ver el neuroma de Morton que tengo en el pie izquierdo, que todo lo que empieza por "neuro" hace que me ponga a la defensiva.

Bromas aparte.

Pienso que es fenomenal dar nombre y desarrollar estas corrientes, puesto que antes sólo los vendedores muy expertos las dominaban sin saber cómo se denominaban.

Tener el conocimiento bien encasillado es fundamental para poder estudiarlo y profundizar en cada una de las áreas.

Tradicionalmente, la venta era gracias al conocimiento del producto o servicio que tenía el vendedor, pero actualmente, en la era digital, en la era de la información, el cliente tiene en su mano casi todos los datos que necesita y por eso debemos enfocar la acción de venta desde otra perspectiva.

Debemos reinventarnos, debemos adaptarnos y detectar cuál es la motivación de compra de cada uno de nuestros prospectos. Una vez detectada, hacer que su experiencia de compra sea diferente y única.

Ahí es donde todas estas áreas entran en juego y te ayudan a iniciar el proceso de venta de una manera radicalmente diferente.

Ya no vale aprenderse un discurso y soltarlo recitado como en la obra teatral de fin de curso.

No vale para nada hablar de características de producto.

¡Fíjate lo que te digo! ¡No hables de características!

¡Si nos escuchara algún vendedor de hace unas décadas le daría un ataque al corazón!

Hace unos años, no tantos, aquel vendedor que tenía verborrea y sabía retener de memoria las características de su producto, se ganaba muy bien la vida. Sólo se tenía que centrar en describir el producto.

No me imagino, hoy día, llegando a un cliente y soltándole de carrerilla las ocho razones de ser (características) de la leche que yo vendo.

Pues ha costado muchos años conseguir ese cambio de mentalidad. Hoy lo que le interesa al cliente es hablar de beneficio.

Hay que decirle:

-"Si utilizas esta leche gastarás menos producto al cabo del día porque emulsiona más".

Y para bordarlo del todo, hay que hablarle al cliente del beneficio del beneficio, que consiste en contarle:

-"Con lo que te vas a ahorrar al cabo del año, podrás tomarte esas vacaciones tan añoradas que me comentaste con tu mujer e hijo".

CHAPEAU!!!!!

Todo esto acompañado de un correcto lenguaje verbal y no verbal se convierte en un arma infalible para las ventas.

Ten muy en cuenta que hay palabras que activan algo en nuestro cerebro y nos preparan para escuchar atentamente lo que nos va a decir nuestro interlocutor.

Algunas palabras clave son: GRATIS, NOVEDAD, CÓMODO, SEGURO, FÁCIL, pero hay que recordar que cada prospecto es un mundo y que cada persona tiene unas necesidades.

Por lo tanto, a un mismo cliente le pueden seducir unas palabras u otras según sus circunstancias o sus problemas.

Hoy le puedes llegar con unas palabras clave y mañana no, pero hay que ser consciente de las palabras que son ganadoras.

La neurolingüística es un campo muy concreto que puede aumentarnos las opciones de éxito.

Si quieres profundizar en este tema bucea en libros o webs especializadas en PNL.

Otra disciplina que está en pleno auge es la inteligencia emocional.

Te voy a explicar de forma muy sencilla lo que es para mí la INTELIGENCIA EMOCIONAL en el campo de las ventas.

En 2003 empecé mi andadura en Editorial Planeta. Todos éramos autónomos y no había opción a otro tipo de vinculación contractual con la empresa, ni sueldo base, ni nada garantizado.

Nuestro canal de venta se dedicaba a vender, principalmente, enciclopedias a centros de enseñanza, bibliotecas, ayuntamientos, profesores, maestros, funcionarios y posteriormente todo el que se cruzase.

Tenías que pagarte la cuota de autónomo, gasolina, desgaste de vehículo, regalos para atraer a los posibles clientes, comida, gestoría, etc.

A los diez días de comenzar en este trabajo, mi superior me comentó que la semana siguiente nos íbamos a vender a Melilla. Suma a todo lo anterior, gastos de avión y noches de hotel.

Lo que te quiero decir es que, de entrada, sencillo y cómodo no era la propuesta laboral y para mí era mi primera incursión formal como VENDEDOR.

Éramos un equipo de doce vendedores donde sólo seis continuaban cuando lo dejé cuatro años después, en el 2007.

La rotación de vendedores era altísima y el jefe de la oficina continuamente estaba inmerso en jornadas de captación de nuevos comerciales.

Quien conoce este sector o ha trabajado en él sabe que se ganaba y se podía ganar unas cantidades obscenas de dinero. Además la jornada laboral era muy cómoda, salvo cuando nos íbamos de ruta fuera de la provincia, que solía ser una vez al mes.

¿Qué vendedores duraban más en este trabajo?

Sin lugar a dudas los más INTELIGENTES EMOCIONALMENTE.

Este trabajo era una auténtica montaña rusa de emociones.

Un día, en una hora vendías tres enciclopedias que te reportaban 800 euros y luego estabas otros tres días sin vender nada.

Los vendedores que controlaban mejor sus estados de ánimo siempre eran los vendedores más constantes y por tanto, los que mayores ingresos obtenían.

Controlar la frustración de los malos días, al igual que amansar el ego de los días soberbios, el ser constante y equilibrado es lo que nos hacía seguir adelante y mejorar.

Pues todo esto hoy, es exactamente lo mismo y a ello le llamamos inteligencia emocional, aunque ésta abarca muchos más aspectos y muchas más situaciones.

Te pongo otro ejemplo.

En la editorial teníamos que conseguir veinticuatro noes para llegar a un sí.

Fíjate lo que te digo: conseguir veinticuatro noes para nosotros era lo normal y para nada lo veíamos como un fracaso. Necesitábamos veinticuatro personas para que la nº 25 nos diera el… ¡SÍ!

Ese era nuestro ratio de conversión.

¡Imagínate el nivel de resiliencia que debíamos tener!

Los vendedores que no tenían esta capacidad desarrollada se marchaban muy pronto, incluso el primer día.

Éramos depredadores de los veinticuatro noes. Cuanto antes lo consiguiéramos, más cerca estaba la recompensa. Contábamos con ellos como algo natural y sobre todo necesario para nuestro objetivo.

Pues vendas lo que vendas y estés en el sector que estés, tienes que convivir con los NOES con total naturalidad.

Como dice mi compañero y amigo Ricardo Ramos, ésta es una profesión de impactos negativos y el SÍ no se consigue a la primera. Esto debes tenerlo muy claro.

Nuestra profesión es una montaña rusa de estados de ánimo. Algunas personas tienen la capacidad de canalizarlo perfectamente y lo viven como si estuvieran en el trenecito de la bruja, y otras, sin embargo, en las mismas condiciones, lo padecen como si se montaran en el Dragon Khan de Port Aventura.

Tienes que ser consciente de que controlar tus emociones es básico para mejorar como vendedor y por supuesto, como persona.

Todos tenemos miles de ejemplos donde no nos hemos controlado en alguna situación diaria y cuando pasa un rato solemos decirnos: "¡qué tonto he sido, sólo he ganado cabrearme y pasar un mal rato!".

Todo esto con metodología se puede mejorar y mucho. Hay técnicas que te ayudan a no regocijarte en lo negativo y que cuando cometemos un error, seamos capaces de abstraernos, pensar en cosas positivas y entrar en la siguiente visita como si no hubiese pasado nada.

El grandísimo Rafa Nadal (el tenista), ha sido noticia últimamente por una entrevista donde explica que nunca ha roto, intencionadamente, una raqueta porque eso significaría no controlar sus emociones.

Seguro que le ayudan sus cualidades innatas para solventar con éxito todas las dificultades emocionales de su trabajo, pero también hay mucho trabajo mental diario.

La automotivación es importante en cualquier empleo, pero en la profesión de las ventas es crucial.

Esta motivación personal se divide en dos tipos:

- La intrínseca, que es la que te motiva a hacer las cosas por la mera satisfacción personal que te proporciona hacerlas.
- Y la extrínseca, que es la que viene de fuera, como la recompensa económica, beneficios sociales, reconocimiento social, etc.

Ambas con método se pueden mejorar.

Otro ejemplo de controlar las emociones es el siguiente. Mientras estaba inmerso en escribir este libro, me han diagnosticado una hernia discal, lo que conlleva pinzamiento del nervio ciático y el traumatólogo me ha derivado al neurocirujano.

La verdad es que me sentó fatal la noticia, pero hay que estar tranquilo en estos casos, pensar en positivo y en que todo va a salir bien.

De vez en cuando el cuerpo nos habla y hay que escucharlo, pararse, reflexionar y no darle vueltas a la cabeza. Así que a descansar y a pensar en que pronto volveré con más fuerza. Además es el momento de dedicarme tiempo a mí, a terminar tranquilamente este libro, a terminar de leer los libros que tengo empezados, a hacer un curso de marketing digital y hacer tantas cosas que normalmente no suelo hacer.

Tener una actitud positiva en las situaciones menos bonitas depende sólo y exclusivamente de ti. Así que sé consciente de ello porque nadie te lo va a solucionar.

Aprende a ser emocionalmente inteligente y psicológicamente positivo.

Aconsejo, sin lugar a dudas, que te formes en esta área porque te ayudará muchísimo en todos los aspectos.

Cualquier inversión que hagas, tanto económica como de tiempo, te compensará.

Conocer técnicas específicas de mejora personal te hará ser un vendedor más equilibrado emocionalmente y tus resultados se verán mejorados considerablemente.

5

MURIÓ LA PREVENTA

Ya sabes que PREVENTA es una denominación muy habitual para los vendedores del canal HORECA y Alimentación, principalmente.

Se dice con total normalidad y sin ninguna connotación peyorativa.

Pues tengo que reconocer que JAMÁS lo he entendido y no me gusta nada, pero nada de nada.

La preventa, como su nombre indica, son todas esas gestiones que hacemos antes de la acción de venta en sí: información al cliente, instalación, concertación, detectar necesidades del cliente para una mejor conexión con él mismo, conocimiento de la competencia, etc.

Todo este trabajo PREvio es indispensable, sin lugar a dudas, vendas lo que vendas, en el sector que vendas, en el país que vendas.

¿Crees que los vendedores de mercadillo no hacen un trabajo previo antes de su jornada laboral en su puesto, frente al público?

Hoy mismo he trabajado en Sierra Nevada (Granada). Al llegar al parking me ha sorprendido no encontrar ningún vendedor ambulante ofreciendo guantes, gorros, bufandas etc., y estamos en plena temporada de esquí.

¿El motivo?

Pues varios factores.

Ha pasado la Navidad y siempre bajan en estas semanas los visitantes a la estación de esquí, pero sobre todo es la alta temperatura de estos días y la falta de nieve.

Estos vendedores, que no se pueden permitir ni un fallo de cálculo de dónde están sus clientes potenciales, seguro que han realizado ese trabajo previo de analizar la situación.

Han preferido quedarse en Granada capital y no asumir el gasto de combustible para desplazarse a una zona donde apenas había posibilidad de venta.

Pues yo considero PREVENTA esto mismo: la planificación, localizar dónde están los posibles clientes, concertación de cita, correos, organización de material, etc.

Pero sólo y exclusivamente las acciones previas a la venta.

Nunca como denominación de una profesión o tipo de comerciales que venden en algunos sectores.

Quizás sea porque empecé, como ya te he comentado, como vendedor de enciclopedias o quizás sea porque llevo más de diez años vendiendo en el canal HORECA y Alimentación y yo la preventa no la veo por ningún sitio.

Si alguien defiende que preventa o preventista son aquellos vendedores que visitan establecimientos o comercios y toman nota de productos que se servirán posteriormente, pues sigo sin verme en ese colectivo de vendedores.

Bueno, ya estás viendo que me gusta tensar la situación para captar tu atención y que participes activamente desde donde estés leyendo este libro.

Denominar preventa al vendedor que va al detallista, que tiene que gestionar una cartera de clientes, hacerla crecer y bla bla bla tampoco es correcto, obviamente, desde mi punto de vista.

¿Quieres saber por qué?

Porque... ¡¡¡LA PREVENTA HA MUERTO!!!

Sí, sí, muerto total, literalmente, ¡muertooooooooo!

Mi cuñado ha empezado a trabajar como vendedor hace dos meses en el mismo sector que yo.

Tiene como potenciales clientes a tiendas de alimentación, carnicerías, colmados, fruterías, supermercados, bares, cafeterías, residencias, facultades, colegios mayores, restaurantes, hoteles, etc.

Su jefe le ha dicho:

-"Juanfer, ¿ves lo grande que es la calle? Pues toda es para tí. ¡Hala! Toma el catálogo y a vender".

Empezó con cero clientes.

¿Mi cuñado es un preventa? ¿Preventa de qué? No tiene clientes.

Cuando consiguió el primer cliente.

¿Ya es preventa, captador, vendedor?

¿O cuando capta es vendedor y cuando visita a algún cliente de los que ya ha conseguido es preventa?

Esto es un jaleo, ¿no?

Mi cuñado es VENDEDOR y punto.

Tampoco comparto que preventa sea la persona que visita a los comerciantes y tome nota de los productos que se servirán después. Eso mismo hacía yo en la editorial vendiendo la enciclopedia Larousse y no nos denominaban "preventas".

Vendía, y posteriormente se le enviaban al cliente los tomos a casa, con la única diferencia de que la venta no se realizaba en un comercio.

Bueno, todo es explicable según como se mire o como se quiera mirar. Porque preventa se suele utilizar también para referirse a nosotros, como si el pedido ya estuviese hecho y sólo fuéramos a tomar nota. Como si sólo fuese pasarse por el establecimiento y el cliente estuviera esperándonos para hacernos el pedido.

Ninguna, pero ninguna empresa tiene el trabajo fácil en este sector. Ni siquiera los vendedores de las empresas más punteras que se te puedan venir a la cabeza y que estén en todos los negocios de hostelería, trabajan recogiendo notas por los establecimientos.

El vendedor, que tenga ese concepto de su trabajo y piense que preventa es simplemente recoger un pedido, tiene los días contados en esa empresa.

Y es, en esta parte, donde quiero ser categórico y darte unos consejos de cómo afronto yo nuestro día a día y porqué reniego del nombre de preventa.

Este capítulo no es para concretar si la denominación preventa es exactamente visita a comercios para tomar nota de los productos que se van a entregar más tarde, o qué tipo de establecimientos hay que visitar para poder denominarnos así.

Lo que quiero es hacer una crítica. Para que seas consciente de nuestro hacer diario, para cambiar la perspectiva, para ser grandes y mejores vendedores.

En tu día a día tienes que ser un cazador o un granjero o, mejor, las dos cosas según la situación, pero no un preventa.

He visto tantos vendedores de mi sector, antiguos compañeros, vendedores de la competencia o de empresas que venden otros productos, que por tener una cartera de clientes afrontan el día precisamente como si el pedido lo tuvieran asegurado.

Este enfoque está totalmente equivocado.

Visita en la que no amplíes gama o siembres para el próximo día, visita que te lastra y al final de mes hace que no llegues a tu objetivo.

El cliente de hoy tiene mucha información, además de gran facilidad para encontrar productos gracias a la cantidad de empresas de distribución que existen, proliferación de Cash con venta al mayor y las opciones *online*.

El cliente, nunca está fidelizado, porque tiene muchas tentaciones al alcance de la mano y todos somos infieles por naturaleza, comercialmente hablando.

Te voy a contar con un ejemplo hasta qué punto los clientes son inestables.

En noviembre, todos los años, tengo un trabajo muy intenso con la apertura de la temporada de Sierra Nevada.

Esos días, la plaza de Pradollano, plaza central de la estación de esquí, es un hervidero de coches de vendedores intentando afianzar a los clientes del año anterior. No te hablo de clientes nuevos, si no de mantener los "tuyos".

Como te imaginarás no es fácil.

Empresas nuevas que se adentran en intentar dar cobertura a los clientes de la estación.

Nuevos productos, nueva logística, nuevos vendedores, nuevos precios, nuevos canales. Nuevo, nuevo, todo es nuevo de un año para otro.

Aquí hay que ser muy profesional y estar muy preparado para salir airoso de este tipo de negociaciones tan intensas en tan pocos días.

Es fundamental para el éxito de las negociaciones que hayas sembrado confianza, calidad y cercanía en los años anteriores porque en zonas tan complicadas de trabajar y de entregar mercancía, la seguridad es mucho más importante que el precio.

Es un esfuerzo muy grande, pero si lo haces bien, sellas unos compromisos casi para toda la temporada.

Digo "casi" porque aquí viene el ejemplo.

Un día, en una de mis visitas a uno de mis clientes leales, me percaté de que tenía productos de la competencia. Esto no me enfadó o me molestó, pero sí que le pregunté al respecto.

Me argumentó que el día de entrega de esa empresa es un día antes que el mío y como le hacía falta ese género, porque había gastado más de lo habitual, lo pidió.

Normal, le di la razón, pero ya tenía toda la información que necesitaba para adelantarme a la jugada.

Si actúo como preventa o recoge-notas y cojo el pedido y me marcho sin observar o preguntar nada más, estoy perdiendo venta y prestigio.

Este tipo de situaciones se pueden detectar por distintos canales, pero en la visita presencial no se te pueden escapar estos detalles ya que suman o restan muchísimo a final de mes.

Estos fallos, aunque no lo creas, son muy habituales en vendedores.

Si no afrontas cada visita como una visita especial y única, nunca llegarás a ser mejor profesional, ni a que te echen de menos cuando dejes de visitarlo y ni mucho menos a que recuerden tu marca personal.

¡No PREVENTES!

¡VENDE!

Y en cada visita vende como si no tuvieses más oportunidades de venta en el día y dale la importancia que se merece.

Es una oportunidad de hacer algo diferente y de disfrutar con el reto de conseguir persuadir al cliente y de proporcionarle un producto que le va ir fenomenal para su negocio.

De verdad, que no puedes ir a una visita como tantos vendedores grises que no ofrecen nada, pero nada de valor a esa reunión.

Aunque los visites todas las semanas, tienes que sorprenderlos, porque si no te van a sorprender a ti cuando ya no tengas ninguna referencia en ese punto de venta.

Cada vez que estés frente al cliente tienes que tomártelo como si tu objetivo mensual dependiera de la excelencia con la que afrontes esa única entrevista.

Siempre tenemos amenazas acechándonos. Si además metemos en la ecuación las tendencias de mercado cuando hay decrecimiento en el consumo, pues ya me dirás cómo llegas al objetivo si con las mismas referencias en el punto de venta, el cliente gasta menos.

¡Vende, vende y vende!

No te conformes con la preventa porque en breve descubrirás que te cuesta llegar a tu objetivo y ya será tarde.

Recuerda:

Si PREVENTAS estás MUERTO.

6

NETWORKING DE BARRIO

¿Te sobran los clientes?

Si la respuesta es que sí, salta al siguiente capítulo.

Pero si no estás en el Olimpo de los vendedores y necesitas nuevos prospectos, te aconsejo que prestes atención a estos sencillos consejos que a mí me funcionan y me enriquecen profesional y personalmente.

Antes de vender, necesitas llegar de alguna forma al posible cliente.

Los canales son muy diversos en la actualidad. El abanico de posibilidades es enorme, desde el buzoneo hasta la más sofisticada aplicación o recurso online, pasando por el envío de email, visita cara a cara, llamadas de teléfono, asistir a conferencias, etc.

¡Y cómo no, el famosísimo *NETWORKING*! Que no es, ni más ni menos, que utilizar tu red de contactos para generar negocio. Algo tan sencillo no ha sido una costumbre en nuestro país debido a nuestra idiosincrasia. Supongo que por la picaresca que nos caracteriza, por el no querer compartir nuestro conocimiento con el otro por el miedo a que nos supere.

Creo que por culpa de esta mentalidad hemos estado retrasados con respecto a otros países, en esta forma de conseguir contactos, y por tanto en conseguir negocio.

Aquí quiero hacer un paréntesis para explicar lo torpes que hemos llegado a ser para no prosperar en el campo de las relaciones personales debido a esa mentalidad de lo mío es mío y sólo te lo doy si me das algo a cambio.

Me remonto al año 2000, cuando estudiaba la carrera de Derecho. En segundo curso teníamos una asignatura muy teórica, Derecho Eclesiástico.

En una ocasión pedí a una compañera sus apuntes, ya que yo había perdido algunas clases y ella me los dejó sin problema alguno, sin temor ni miedo a que fuese a ser mejor o a sacar más nota.

Hago referencia a esto porque sabes que no todo el mundo daba sus apuntes, parecía que le estuvieses pidiendo un riñón. Además, la forma de ser de cada uno no la podrás copiar jamás.

Si tienes dudas, fíjate en algún humorista e intenta contar un chiste como él, a ver si tienes la misma gracia.

Pues creo que la actitud de mi amiga fue la correcta por los siguientes motivos:

1. Ley universal de dar y recibirás.
   Está totalmente comprobado que el destino premia a las personas que dan sin esperar nada a cambio.
2. Te podrá dejar los apuntes pero si no los estudias...
   ¿De qué te sirve? Además, de entrada ella tenía mucho ganado, simplemente con haber asistido a clase y tomar sus propios apuntes.
3. El conocimiento por el conocimiento no tiene valor.
   Vale nuestra forma de ser y cómo seamos capaces de realizar las cosas.
   Todos somos diferentes, y por tanto, actuamos de forma diferente aunque tengamos los mismos conocimientos. Así que no te preocupes en compartir todo lo que sabes porque eres irrepetible.

Está más que reconocido que el conocimiento compartido es fundamental en todas las facetas de la vida, ¡y cómo no!, también en las VENTAS.

Antes de vender es necesario detectar a tus clientes potenciales y después contactar con ellos.

Networking tiene múltiples utilidades, pero la que nos interesa a nosotros es la de poder utilizar nuestros contactos para:

-Hacer negocios.

-Buscar empleo.

-Compartir información y conocimiento.

-Adquirir conocimiento especializado.

-¿Y por qué no? Pasar un rato agradable y diferente.

Pues esto también ha llegado para quedarse, y aunque parezca nuevo, no lo es.

Hace años, sólo los emprendedores, empresarios y vendedores de éxito lo usaban. Quizás por eso eran exitosos.

Hay personas con un don innato para relacionarse con sus semejantes de manera diferente y exitosa.

Los especialistas lo denominan inteligencia interpersonal. Hay personas que lo traen de serie, pero también se puede mejorar con formación y esfuerzo.

Siempre han existido grupos, asociaciones o simplemente amigos, que se reúnen periódicamente, y casi con obligatoriedad, para pasar un buen rato alrededor de un café o una buena comida. En esas reuniones se habla de todo, pero también de negocios.

Los CAFÉS, son espacios dados a la charla, al debate, a la creatividad y por tanto a nuevos contactos.

En Granada, el Café Suizo, fue centro neurálgico de intelectuales durante buena parte del siglo XX, donde se debatían, compartían conocimientos y también se hacían nuevas amistades.

Los clubs gastronómicos son centros incesantes de nuevos contactos, donde se consiguen prospectos sin prospectar. Cualquier asociación es fuente de contactos.

Así que cuanto más activa sea tu vida social más facilidad tendrás para conseguir nuevas vías profesionales que te reportarán riqueza personal y facilidad para desarrollar tu negocio, empresa, producto o servicio.

Hay una zona de la provincia de Córdoba que es muy famosa por su brutal expansión en el sector del mueble debido, entre otras cosas, a la habilidad social de sus gentes. Son muy habituales las reuniones continuas de los emprendedores para hablar de los mercados y tendencias.

Todo esto de lo que hablo antes se hacían en los establecimientos de hostelería y ahora en locales bien equipados para tales reuniones.

Está claro que somos animales sociales y quien más desarrolladas tenga estas habilidades, mejor vendedor será.

Pues esto ahora se llama *NETWORKING* y hay muchas formas de realizarlo. Todas son muy válidas, desde las más simples hasta las más sofisticadas.

Seguro que en tu ciudad hay algún grupo dedicado a ello con buenas instalaciones, material y sobre todo personal especializado que hace muy sencillo comenzar sin, prácticamente, esfuerzo.

Lo tienes muy fácil y te lo recomiendo.

En Granada, te recomiendo el grupo EMCnetwork que lo lidera Montse Bonilla. Los integrantes del grupo son de distintos sectores y aparte de ser unos excelentes profesionales, son magníficas personas y eso siempre ayuda a los nuevos integrantes a adaptarse.

¿Inconvenientes?

Pocos, pero los tiene.

Entrar en estos grupos tiene una cuota, cosa que veo totalmente lógica, porque tiene gastos, ya que te lo dan todo hecho y eso hay que valorarlo. Pero como en cualquier inversión hay que calcular el coste de oportunidad. Tanto económico como de tiempo.

En estos grupos las reuniones suelen hacerse a primera hora del día para adaptarlo, lo mejor posible, a la jornada laboral de los asistentes. Pero aún así el horario no es perfecto para todos. Recomiendo valorar eso antes de inscribirte en alguno de ellos.

No hace falta que te diga o quizás sí, que lo importante no es el horario ni el importe del mismo. Lo crucial es saber quién lo organiza, qué empresas están adheridas y qué sectores profesionales pertenecen al grupo.

De todas formas, tienes la posibilidad de asistir a una jornada sin compromiso alguno para hacerte una idea de cómo trabajan. Me parece genial que den esa posibilidad.

En cuanto a la cuota si es mucho o es poco, esto depende de cada profesional y de la situación en que esté tu empresa o tu cartera de clientes. Siempre es necesario acumular más contactos, pero hay que pensarlo. Como siempre hacer un FODA y valorarlo es necesario.

A groso modo, te diría que si empiezas con un proyecto empresarial y estás necesitado de clientes, no te lo pienses y entres. Si tienes suficientes clientes pues casi que también, porque estarás actualizado y tienes una opción más para llenar tu embudo de ventas.

Ten en cuenta que estar dentro de estos grupos te aporta la posibilidad de expansión, de formación continua, de visibilidad y también de tener la posibilidad de cambiar de sector profesional.

Aquí es donde entra mi teoría, bueno, teoría y práctica, que me funciona muy bien.

Es un método que te va a hacer ser más feliz, obtener mejores resultados y muy importante, a coste CERO.

Los que ya tenemos algunas horas de vuelo en esto de las ventas, es fácil que hayamos pasado por distintas empresas, sectores o incluso profesiones.

Lo normal, es que tengamos relación, cara a cara o virtual con antiguos compañeros, pero que no quedemos con ellos todos los días.

¿Cierto?

Pues a mí se me ocurrió sugerirles a algunos de ellos, con los que tengo una relación más cercana, hacer un grupo de *Networking*.

Todos sabían perfectamente a lo que me refería, puesto que son vendedores o emprendedores.

Obviamente, les pareció buena idea. Siempre tiene que haber alguien que dé el empujón que otros necesitan.

Mientras pensaba en cómo darle forma a la idea, puesto que se necesita cumplir con la legislación: protección de datos, sede, libro de registro, cuotas, etc., se cruzó otro proyecto en mi camino.

Este proyecto es la formación del Club Deportivo Guillermo Villegas Herrera del que soy presidente y del que ya te he hablado.

Guillermo era muy deportista y sobre todo le gustaba el ciclismo de montaña. Sus familiares y amigos decidimos hacerle un homenaje, en forma de carrera de bicis, por el término municipal de nuestro maravilloso pueblo, Montillana (Granada), y decidimos que lo recaudado se donaría a la A.E.C.C.

Fue en el año 2015 y resultó todo un éxito con 300 ciclistas inscritos y con una donación que alcanzó la cifra de 1900 euros.

Acto seguido los, hasta el momento pocos organizadores de este evento, decidimos constituir un Club deportivo con la idea de repetir esta carrera año tras año y donar siempre todo lo recaudado a la misma asociación.

El próximo memorial ya será la VI edición .

Entraron a formar parte de este club casi el 100% de mis amigos íntimos, antiguos compañeros de trabajo y familiares. El número de socios ha ido aumentando a lo largo de estos seis años que ya hemos cumplido.

El grupo humano es brutal y nuestro lema es la solidaridad. Últimamente hemos ampliado nuestra visión a otras asociaciones necesitadas de nuestra colaboración, lo cual ha hecho que todos nos impliquemos más en estas acciones altruistas.

Todos rondamos entre los 35 y 50 años, y aunque la amalgama de profesiones es diversa, la mayoría estamos dedicados a la venta y empresa.

El grupo se conforma por:

-vendedores del sector de medicina y farmacia,

-trabajadores de clínica dental,

-vendedores del sector de la abogacía,

-autónomos de comercios,

-emprendedores de franquicias,

-vendedores del sector Alimentación y HORECA,

-propietarios de negocios de hostelería,

-vendedores de cursos online,

-vendedores de protección de datos,

-dependientes,

-agricultores y empleados de cooperativas agrarias,

-vendedores del sector energético,

-empleados de grandes empresas de transporte,

-funcionarios.

Pues con esta variedad de profesiones y tantísimo talento, sería un pecado no aprovecharlo.

Es aquí donde desarrollamos nuestro *Networking* de barrio.

Lo denomino así porque no tiene el formalismo, ni la burocracia de los que están profesionalizados, pero es muy efectivo.

Periódicamente nos reunimos en la sede del Club, que es un restaurante, por esa costumbre española de tomar algo mientras charlamos.

Lo regenta mi cuñada Bea que tiene una gran inteligencia interpersonal, lo cual es estupendo para dirigir un negocio donde acuden múltiples perfiles de clientes.

Cuando las reuniones son multitudinarias disponemos de un proyector por si alguien quiere apoyar su presentación con videos, presentaciones, etc.

Ya te puedes imaginar el potencial que tiene un grupo tan diverso. Todos tienen datos interesantes que aportar de su sector o mercado que el resto desconocemos. Cada uno es especialista en algo y con sus consejos nos regala conocimientos al resto.

Además hacemos de puente para contactar con prospectos acordes a cada uno. No damos datos de contactos, no sólo porque la ley es muy restrictiva en esta materia, sino porque creemos que es más eficiente la visita conjunta. Otra opción es decirles a nuestros clientes que tenemos un amigo que le puede dar solución al problema que tiene y que sea éste el que se ponga en contacto y no al revés.

Ha salido muchísimo negocio de esta forma colaborativa de trabajar y también buenísimos ratos de ocio con los amigos.

Es la manera más sencilla de captar clientes sin prospectar. A este tema también le dedicaré un capítulo en exclusiva.

Un ejemplo claro, de éxito de este *Networking* de barrio, es mi íntimo amigo, Alberto Alburquerque.

Vendedor como he conocido pocos, experto cazador e inmejorable en el desarrollo del cliente. Después de pasar por distintas empresas y con distintos cargos ha decidido emprender una aventura empresarial con la franquicia de ambientadores *Ambiseint*.

El marketing sensorial está en auge.

Él es un luchador nato, tiene distintas formas de conseguir prospectos y llegar a ellos, pero utilizar la red de contactos de los socios del club le fue genial, sobre todo, cuando empiezas un negocio con cero clientes.

Sus cifras de crecimiento en un año son brutales gracias a su visión y acción principalmente, pero también al verse respaldado por gente que le ayuda, puesto que él siempre ha ayudado desinteresadamente.

También te tengo que contar que estos grupos no profesionalizados tienen dos debilidades:

-Como no hay obligación de asistir, no todos los miembros que empiezan son fieles a las sesiones.

No hay cuota para estas sesiones (sí hay cuota por pertenecer al Club Deportivo, pero por otros conceptos), ni sanciones por no asistir.

Cada cual puede organizar su grupo como crea conveniente.

-Los contactos de nuestros contactos se agotan si no entran nuevos socios.

Por eso es muy importante poner el foco en captar nuevos miembros. Cosa muy fácil si la cuota es de poca cuantía porque el socio recibe muchísimo más de lo que aporta económicamente.

Pues ¡¡¡MANOS A LA OBRA!!!

Coge tu agenda, manda *emails,* mensajes, contacta con tus conocidos y cuéntales que esta manera de reunirse y pasar un buen rato va a ser muy provechosa para todos.

Intenta formalizarlo un poco para que todos se comprometan a asistir con una prudente periodicidad.

Desde luego esta es una forma estupenda de ampliar los tentáculos de ese gran pulpo que debemos ser, para llegar de la mejor forma posible a nuestros prospectos.

Si en algún momento se te queda corto o se diluye tu grupo, no dudes en informarte de otros de tu localidad.

¡Apúntate y saldrás ganando!

Actualmente, estoy poniendo el foco en crear un grupo de *Networking* más profesional y utilizar la delegación de mi empresa para las jornadas. Esto tiene sus plazos y burocracia, pero estoy seguro que saldrá adelante.

Te sugiero, si eres vendedor de una empresa o emprendedor, que te animes a crearlo porque los resultados son asombrosos.

¡Que no te abrume la propuesta porque es muy fácil ponerla en marcha!

Empieza con reuniones de 4 ó 5 amigos de sectores laborales parecidos, con una intención profesional y no simplemente por tomaos un café. Dale un carácter más formal a esas reuniones y verás como poco a poco empieza a tomar forma la idea.

Todo el mundo aprecia el valor de una reunión con un fin claro, conciso y sobre todo se refuerza cuando se ven los frutos.

También puedes empezar quedando con algún amigo, antiguo compañero o familiar para tomar café y que creas que puede ayudarte con la iniciativa. No tiene que ser nada formal, pero se consciente que rodearse de los mejores te hará crecer.

A mí me encanta desayunar con mi primo Alfredo, del que ya te he hablado, el arquitecto técnico. De él aprendo mucho porque hablamos el mismo idioma, hay sintonía.

También aprovecho la visión clara del negocio que tiene mi primo Nicolás, propietario de un catering. Aprovecho sus conversaciones inteligentes y sus buenos consejos dados desde el corazón.

Con mi cuñado Juanfer me pasa igual. Aprovechamos cada instante para hablar de cómo conectar más y mejor con el cliente.

¡Aprovecha estos encuentros!

Sácale partido a esas mini-jornadas, esas mini-reuniones con el fin de sacar algo relevante para tu día a día profesional.

Ya sabes que sólo tienes que preguntar una vez y escuchar el doble, sólo eso.

Quizás ya lo estés haciendo de forma inconsciente, pero sin ese objetivo concreto y sin periodicidad con otros grupos de interés con los que estás en continuo contacto.

A todas las personas a las que nos gustan las relaciones humanas estamos interactuando constantemente con otras personas, pero no ponemos el foco en darle forma oficial a esta forma de conseguir crecer como vendedores.

Otra forma de *Networking* de barrio podría ser el siguiente también:

En mi familia tenemos señalado el Puente del Día de Andalucía año tras año para irnos todos juntos de turismo rural. En esta ocasión ha sido a Cuidad Real, concretamente a Daimiel.

Somos conscientes de lo afortunados que somos de poder compartir esos días en familia.

Cada vez la ecuación es más difícil porque cuatro sobrinos viven en Madrid y es complicado cuadrar los festivos de cada comunidad, pero ya sabes que con actitud y acción casi todo se consigue.

Esos días siempre son inolvidables, pero además aprendo muchísimo.

Casi todos trabajamos en el sector privado por lo que tenemos un termómetro muy eficiente de la situación actual de distintos mercados y sectores.

Las sobremesas son auténticas tertulias donde cada uno aporta su visión como especialista en su sector y regala conocimientos de su mercado que el resto desconocemos.

Esto es formación de valor en toda regla.

Esto también es *NETWORKING* pero, sin estar organizado.

De especial mención son mi sobrino Jorge, graduado en Marketing y su novia Ana, graduada en Psicología.

Acaban de ganar el tercer premio en la Global Marketing Competition, organizada por la ESIC. Competición internacional con más de 5.000 concursantes de 89 países.

Basaron su trabajo de simulación empresarial en el sector de la automoción, con un perfecto dominio del marketing estratégico.

No hace falta que te diga todo lo que aprendo de ellos en una hora de conversación.

¡Crea tu *NETWORKING* de barrio con lo que tienes al alcance de la mano!

7

¡NO PROSPECTES, CAPTA!

Una de las necesidades de toda empresa o vendedor es la búsqueda continua de prospectos para así tener identificados los clientes potenciales a quien ofrecer sus productos o servicio.

El embudo de ventas siempre debe estar en continuo movimiento.

Es fundamental definir qué personas son las ideales para seducir con tu producto.

Si las tienes localizadas, cualificadas y encasilladas, te será mucho más fácil venderles. Por eso la importancia de la prospección.

Hay diversas técnicas, y todas ellas válidas, compatibles entre sí y pudiéndose hacer, algunas de ellas, simultáneamente.

Éstas son:

- vía *online* atrayendo al prospecto con contenidos interesantes, como tener un *blog* de contenidos específicos o *podcast* especializado (*inbound marketing*),
- asistir a reuniones profesionales,
- a través de anuncios publicitarios,
- de directorios,
- telemarketing,
- acudiendo a listados de antiguos clientes,
- por buzoneo,
- *social selling,*
- *email marketing,*
- *retargeting,*
- alianzas con empresas del mismo sector,
- hasta llegar a la famosa puerta fría.
- etc.,...

Dependiendo del sector y del mercado al que te dirijas, unas son más eficaces que otras. Utilizarlas con maestría, de forma alterna o simultánea, se convierten en herramientas infalibles.

Todos necesitamos introducir, continuamente, clientes en nuestra cartera ya que la competencia acecha, hay cierre de negocios, cambian los propietarios, fallecimientos, problemas de cobros, nuevos canales de venta, etc.

Esta debilidad es común a todas las empresas y vendedores. Seguramente, habrá alguna compañía comercial que sea la excepción por algún motivo, pero el 99% de los mortales nos vemos "obligados" a la captación.

Y,... ¿Qué fortaleza tienes tú?

Te voy a contar un secreto que me ha llevado unos años analizarlo, estudiarlo y ponerlo en práctica para tener más clientes sin prospectar.

¿Quieres saberlo?

¡Pues allá va!

Desde el 2003, que soy vendedor profesional, una de las palabras que más he escuchado en las reuniones comerciales de todas las empresas en las que he estado es PROSPECCIÓN.

Cuando trabajaba en venta directa o en captación de clientes por teléfono, casi que no había opción a plantearte otra estrategia, aunque seguro que sí la había, pero eso es otro tema que no viene al caso.

Sin embargo, cuando tenemos una cartera de clientes desarrollada, seguimos con la misma inercia. Seguimos con ese espíritu cazador y creo que perdemos de vista lo realmente importante.

Durante mis primeros años en mi empresa actual, estaba obsesionado en prospectar todo, todo de todo, dedicando muchísimos recursos a esta actividad.

Hacía un trabajo previo de segmentación de prospectos para identificar al cliente ideal para mi producto. Sentía la obligación de hacer 8/10 prospecciones diarias, auténticos barridos por códigos postales. Dejar catálogos, tarjetas de visita, desplazamientos y mucha piel por el camino.

Claro, mis resultados nunca fueron malos.

¡Sólo faltaba después de ese despliegue de medios!

Sin embargo, incluso haciendo todo eso, algunos años terminaba el ejercicio anual con menos o igual número de clientes que el anterior.

¿Cómo puede ser?

Pues muy fácil.

La jornada laboral tiene las horas que tiene y si le dedicaba mucho tiempo, esfuerzo, foco y pasión a la prospección, se lo estaba quitando a mis clientes de aquella época.

Por lo tanto se reflejaba en la alta rotación de clientes por no poner el famoso tapón a la fuga de los que ya trabajaban conmigo.

Había que reaccionar.

Así que decidí cambiar de estrategia para aumentar mi cartera de clientes.

Obviamente, para cambiar de estrategia tuve que hacer una revisión y análisis de mis resultados.

Desde el 2016 hago prospecciones de distintas formas.

Y si te lo estás preguntando, te digo que sí consigo terminar cada año con más clientes que el anterior.

¿Cómo lo hago?

Es sencillo.

Los prospectos me los consiguen:

-mis clientes,

-antiguos compañeros,

-amistades, familiares,

-las redes sociales, el famoso *social selling.*

Me di cuenta de que casi todas las empresas ponen muchísimos recursos en captar clientes nuevos, incluso, ofreciendo mejores condiciones que a los que ya tienen.

¡Con esto alucino!

Jamás le he dado mejores condiciones a un posible cliente nuevo que al actual.

Esta estrategia le debe funcionar a muchas compañías porque vemos anuncios en televisión publicando a bombo y platillo con total normalidad, mejores precios o condiciones para las altas nuevas.

Estoy totalmente en desacuerdo con ese tipo de estrategia.

Como vendedor no voy a ofrecer una cosa que como comprador detesto.

El 65% de los clientes que pierdes es porque tú o algún miembro de tu compañía habéis fallado en el trato dado. Tú eres parte de esas personas que influyen en esa fuga de clientes.

Además, es cinco veces más laborioso conseguir un cliente nuevo que retener uno de los actuales.

Este dato es brutal y demoledor. Tenlo muy en cuenta.

Decidí en el 2016 centrarme en darle toda mi atención, recursos y profesionalidad a mis clientes actuales siendo un vendedor 360º (te lo explicaré más adelante).

Como me perciben como un vendedor fiable, no dudan en presentarme a algún amigo, familiar o conocido que abre un negocio. Me lo dicen de inmediato porque saben que es beneficioso para ambos.

Se sienten seguros de pasarme ese posible cliente. En estos casos sólo tienes que ir a cerrar las condiciones.

El trabajo se facilita mucho porque ese prospecto ya tiene toda la información que necesita de ti.

Los clientes, como cualquier persona, necesitan ayudar a sus amigos o familiares y por eso no dudarán en contar contigo si tienen claro tu propuesta de valor.

Te animo, también, a que seas tú el que le pida a los clientes sus referidos o que hablen de ti a sus conocidos, porque es la manera más sencilla de ampliar tu cartera de clientes.

¡No tengas miedo, ni vergüenza! Es de lo más normal del mundo preguntarle a tus clientes a quién le puede interesar tu producto/servicio.

Empieza con los que tengas ese *feeling* especial y verás cómo te pone el cliente nuevo en bandeja.

Antes no lo hacía, supongo que porque iba con las orejeras y sólo veía visitas y prospección, cuando lo más importante era captación y ventas.

Las visitas ya se pueden hacer de muy distintas formas y en muchos sectores el vendedor y el comprador ni se conocen.

La prospección tiene como función principal identificar tu posible cliente potencial. Si este trabajo te lo dan hecho mientras invitas a café a un cliente tuyo, pues mejor imposible.

Prioriza, dedica tu tiempo y esfuerzo a sentarte con todos esos referidos, a concordar desde el primer momento, a establecer unas condiciones beneficiosas para ambos y a empezar a trabajar lo antes posible.

¡CAPTA Y VENDE!

Otra fuente de la que emanan clientes nuevos son tus antiguos compañeros laborales.

Seguro que te pueden proporcionar prospectos para tu producto o servicio, o mejor aún, les hablará a sus clientes de ti y serán ellos los que se pongan en contacto contigo.

Esto mismo hazlo habitualmente y crearás tu propio *networking* de barrio, del que ya te he hablado.

¿Y los amigos? ¿Y los familiares?

Pues también pueden ayudarnos a conseguir más clientes a través de contactos que estén interesados en nuestros productos.

Por ejemplo, mi cuñado Juanfer, al que quiero como un hermano, antes se dedicaba a la hostelería. Un profesional de los pies a la cabeza.

Cuando iba a abrir su primer restaurante me llamó de inmediato como posible cliente (de no haberlo hecho me hubiera divorciado de su hermana).

Bromas aparte.

Vimos el catálogo, escuché sus necesidades y empecé a trabajar con él ofreciéndole aquello que realmente creía que le ayudaba en su negocio.

Ni mucho menos, le vendía todo el catálogo porque cada producto o servicio tiene su comprador.

No todo es para todos.

Este es un consejo que te vendrá muy bien para tu día a día. Ofrece a tu cliente lo que sea beneficioso para ambos y trátalo como si fuese un ser querido, y demuéstraselo.

Otro ejemplo, como el anterior, es mi primo Rafa. Lleva treinta años regentado el mismo negocio de hostelería.

Profesional del gremio como pocos he visto. Pues aparte de trabajar juntos los productos que le encajan en su establecimiento, me ha conseguido muchos clientes. Muchas veces porque él me lo dice y muchas otras porque yo se lo pido.

Así que utiliza la fuerza de tus clientes, antiguos compañeros, familiares y amigos para captar clientes con muchísimo menos esfuerzo que otras formas de prospectar.

Por otro lado, las redes sociales también son una potentísima herramienta para conseguir prospectos de una forma sutil.

En algunos sectores es la fuente principal para conseguirlos. Estudia tus posibilidades, dependiendo de tu producto/servicio y dale una vuelta a esta opción.

Profundiza en el *social selling* a través de libros o webs especializadas y conocerás todas las ventajas de esta forma de conseguir clientes. Incluso hay cursos gratuitos *online* donde formarte a tu ritmo.

Hay redes sociales que tienen herramientas de pago donde te segmentan tu audiencia.

Otras te dan la posibilidad de crear distintos perfiles o páginas en ellas que puedes utilizarlas sólo a título profesional.

También tienes la opción de publicitar tu negocio o servicio a muy bajo coste y elegir el segmento de mercado al que dirigirte.

Son múltiples opciones las que tienes a la mano y te recomiendo que aprendas a manejarlas eficientemente.

La prospección por la prospección no tiene sentido.

La hacemos para conseguir ubicar a nuestro cliente potencial, pero es mucho más sencillo, eficiente y eficaz que ese paso te lo ahorres y pases directamente a la captación.

¿Debilidad de estas técnicas?

Seguramente llegará un momento en el que se agote esta forma de conseguir contactos, pero estamos en el 2020 y a mí me sigue funcionando.

Las técnicas anteriores tienen esa debilidad, pero el *social selling* está en pleno auge y no tiene esa deficiencia.

Si se me acaba la fuente o encuentro otra forma mejor de conseguir clientes te lo contaré, mientras tanto...

¡CAPTA y VENDE!

8

PRIORIZA Y ACTÚA

Hace dos Navidades mi hijo pidió a Papá Noel un hámster.

Yo sabía perfectamente que el cuidado diario del animal iba a recaer completamente en mí, entre otros motivos, porque mi crío tenía entonces 8 años y mi mujer dejó claro que ella no se ocuparía.

Llegó el hámster y por supuesto, comida, heno, lecho, arena de limpieza, piedra de calcio y una gran jaula para que el animal estuviera lo más cómodo posible.

Ésta tiene tres alturas, pasarelas, rueda, pasadizos y rampas donde puede ejercitarse a su agrado.

Yo suelo despertarme entre las 6:00 y las 7:00 de la mañana según tenga la jornada laboral prevista.

Siempre la planifico la noche de antes ya que considero que ese es un paso esencial para empezar con buen pie el día siguiente.

A esa hora Peque, que es como se llama nuestra mascota, está totalmente activo. Ya sabes que son animales nocturnos.

Entro en la cocina para prepararme mi ineludible zumo de naranja y me contagia con su energía.

Cuando ya no tiene apenas comida, se altera al percibir que estoy cerca de él porque ya sabe que tiene una recompensa en forma de trozo de fruta o de nuez.

No se lo doy directamente porque me gusta observar cómo lucha por conseguir su deseado premio.

Es bastante torpe.

No sé si todos los hámster son así o es sólo el mío, porque da muchos tropiezos antes de llegar al preciado objetivo.

Eso sí, no desiste hasta alcanzarlo.

Sube, baja, trepa, se cae, se levanta, tropieza, se equivoca, se vuelve a equivocar, choca,... Pero siempre llega a conseguir lo que se había propuesto.

Cuando lo veo relajado, cogiendo el trozo de fruta y saboreándolo, siento yo más alegría que él.

En eficiencia podría mejorar, pero ninguna mañana deja de persistir en su empeño.

¿Qué hace que Peque consiga su propósito?

Sin lugar a dudas la ACCIÓN.

Él no escatima en esfuerzo, ni piensa en cuántos NOES necesita antes del SÍ.

Él persevera y persevera hasta sentarse disfrutando de su merecida cerveza en forma de trozo de nuez.

Este es un ejemplo de la vida misma del vendedor, del empresario y del emprendedor.

No te puede paralizar el miedo al rechazo, ni el miedo a lo desconocido y ni mucho menos el análisis continuo de las miles de posibilidades que tenemos para llegar al éxito.

Si estás continuamente analizando cuál es la mejor opción para conseguir el objetivo marcado, pero no das el primer paso, detente y sé consciente de la situación porque estás totalmente desenfocado.

Estás retrasando tu objetivo por miedo a la acción.

La casa hay que empezarla por los cimientos, es decir, planificando, con un método y luego llevando un seguimiento de lo que has realizado hasta ese momento, pero nunca al revés.

En ocasiones, la misma acción puede ser un objetivo mucho más importante que el objetivo de ventas en sí.

Tienes que trabajar en los pasos que debes de dar hasta llegar a tu fin y no pensar sólo en el objetivo final. Focalizar en el plan a seguir te facilita mucho el trabajo diario.

Es muy importante que te pongas planes de acción diarios y verás como irás mejorando tus hábitos comerciales.

Antes de estar frente al prospecto tienes que haber activado algo, por la vía que sea para llegar a él.

Por ejemplo, haber planificado que un día a la semana vas a focalizar en visitar a aquellos posibles clientes potenciales que previamente has segmentado.

¡Manos a la obra!

Cuando ya tienes definido, cualificado y ubicado al prospecto pasa a la siguiente fase: la captación.

Algunas de las habilidades más importantes que debe desarrollar un vendedor son: la priorización y la acción.

Mi hámster lo tiene claro. Acción, acción y más acción.

Su motivación de saciar su hambre le lleva a la acción.

Tú debes buscar la tuya, puesto que hay infinidad de motivaciones personales que te llevarán a la acción.

Desde conseguir tu objetivo mensual en ventas hasta esa necesidad de servir al prójimo de manera desmesurada.

Llegados a este punto me gustaría hablarte de un colaborador mío.

Esta persona distribuye mis productos en zonas rurales.

Los distribuidos locales tienen sus zonas muy dominadas e interesa a ambas partes este tipo de colaboraciones.

Tenemos un vínculo muy estrecho, compartimos información y nos ayudamos en todo lo posible.

Hace un tiempo, me comentó que había conseguido un cliente muy importante en su zona y, precisamente, en la última visita que había decidido hacerle.

Llevaba un año entero pasando semanalmente por ese cliente potencial sin conseguir su objetivo. Gracias a que persistió en su empeño al final lo captó.

A mí me recuerda este ejemplo a mi hámster Peque.

Acción, acción y acción hasta conseguirlo.

Estoy convencido de que a mi mascota le merece la pena esa acción desmesurada, además no tiene nada mejor que hacer en todo el día, pero...

¿Y a mi cliente?

¿Qué piensas?

El coste de oportunidad varía. Es muy complejo calcularlo y sobre todo muy personalizado dependiendo del tipo de trabajo y sector al que nos refiramos.

Estoy totalmente convencido de que si mi colaborador hubiese hecho la captación de una forma diferente, hubiese conseguido el cliente en muchísimo menos tiempo.

La acción es fundamental, pero también los conocimientos y las habilidades.

No todo vendedor o emprendedor se puede permitir el lujo de estar un año detrás de un prospecto.

Hay mercados o sectores donde las negociaciones requieren ese tiempo de maduración, pero en el canal HORECA no es normal invertir tanto tiempo para conseguir un cliente, aunque hay excepciones.

Por eso es fundamental revisar si tu plan de acción está dando resultados.

Por otro lado, vamos a resaltar otro aspecto igualmente importante:

El aprendizaje a través del error.

La semana pasada, salí con mi bicicleta de montaña por la zona de la Abadía del Sacromonte. Es una de las zonas más bellas de mi ciudad, llena de veredas, subidas y bajadas repletas de colores y olores que evocan a la antigua ciudad nazarí.

Con unas vistas de Granada y de La Alhambra que te llena de energía.

En una de las rampas descendentes, especialmente técnica, donde siempre hay que poner los cinco sentidos, en esta ocasión me dejé alguno en casa o en el trabajo y obviamente terminé en el suelo.

Llevaba más de un año sin caerme y me asusté. Al final fue sólo chapa y pintura como decimos los ciclistas, pero con muchísimos arañazos.

¿Por qué me caí?

Pues por no estar concentrado en el aquí y ahora.

Habiendo pasado por ese mismo sitio más de 50 veces, habiendo pasado por trialeras mucho más técnicas, teniendo experiencia y competencias suficientes para solventar la situación,... Me vi en el suelo.

¿No te pasa algunas veces esto mismo como vendedor?

¡Claro que sí!

Es únicamente porque ponemos acción pero no atención.

De la caída aprendí todo lo que te estoy contando.

Una semana después regresé a la misma zona. Puse todos los sentidos en lo que estaba haciendo y lo pasé sin dificultad.

De los errores y de los NOES hay que aprender, para recalcular la situación y buscar el SÍ de una forma diferente.

Simplemente con errar las menos veces posibles avanzas muchísimo.

Para terminar este capítulo dedicado a la acción, no quería dejar pasar la oportunidad de mencionar a otro de mis queridísimos amigos. Pienso que es un perfecto ejemplo para explicar las fortalezas de la acción y los excelentes resultados que se pueden conseguir gracias a ella.

Paco, es pintor desde hace 25 años. Trabajó para la misma empresa durante 17, hasta que ésta quebró.

Al verse sin trabajo comenzó a mandar curriculums a muchísimas empresas sin obtener los resultados esperados.

Fue durante el boom de la pasada crisis económica que empezó en el 2008.

Con todo el temor del mundo, no le quedó otra que emprender su camino laboral como autónomo. Nunca dudé de que le iría genial por su cuenta.

Su objetivo era conseguir trabajo. Tenía claro que para lograrlo debía ponerse manos a la obra y no quedarse en casa quejándose de la situación.

Definió su prospecto ideal: compañías de seguros o empresas multiservicio que trabajaran para las aseguradoras.

Visitó todas las de Granada, Jaén, Málaga e incluso fue a Madrid a alguna compañía que no tenía delegación en el sur de España.

¿Lo consiguió?

¡¡Pues claro que sí!!

Ahora tiene un próspero negocio por ser una persona de acción, que resuelve eficazmente todos los partes de su trabajo sin darle problemas, ni al cliente, ni a la compañía de seguros.

De esa fortaleza ha surgido otra oportunidad, en forma de trabajo, para su querida mujer.

Eva estudió Relaciones Laborales y es ella la que se encarga de toda la documentación que genera el día a día de esta empresa.

Como conclusión, la acción es la base de todo.

Sin acción los conocimientos e ideas que ronden por tu cabeza se quedarán ahí y nunca llegarán a materializarse.

Así que focaliza en tu objetivo y... ACCIÓN.

9

MENOS ES MÁS

Te he hablado de las obras y milagros de la ACCIÓN, de la cual soy un auténtico defensor y seguro que vuelvo a alabarla en siguientes capítulos. Pero como casi cualquier cosa en la vida, también tiene su partes menos bonitas, debilidades, amenazas o como quieras denominarlas.

Estar continuamente en modo *on* puede acarrear cansancio físico, cansancio mental, estrés, no finalizar las tareas, salto continuo de actividades, pérdida del foco, etc.

La formación sin acción no da resultados en ventas, al igual que tampoco los da la acción sin focalizar.

Esta lindísima profesión nuestra, cada vez más técnica, requiere de una amalgama de aptitudes y conocimientos cada vez más profesionalizados. Todos ellos enlazados entre sí, donde debemos reforzar los que tengamos más desarrollados y mejorar los más débiles.

Estoy convencido de que por mucha acción que demuestres y la motivación te salga por todos tus poros, eso no es suficiente para realizarte en ninguna profesión.

Es necesario adquirir nuevos conocimientos o competencias para progresar en cualquier ámbito.

El desempeño laboral, tan de moda, incide directamente sobre las tareas específicas que tiene que desarrollar cada trabajador y qué competencias debe tener para realizarlas de la forma más eficiente.

Cada profesional tiene un rol concreto. Ya no vale con trabajar, cuanto más mejor, sino trabajar en función de las necesidades que cada puesto tiene asignadas. Esto requiere una formación continua para saber qué y cómo debes hacer en cada momento.

Te puedo dar un ejemplo muy gráfico de todo esto.

Esta Navidad los Reyes Magos me trajeron un robot aspirador. Es de lo más efectivo. Como no me habré portado muy bien en el 2019 el robot es de los básicos, sin muchas opciones. Siempre se le acaba la batería en mitad del proceso y además no se qué zona del piso ha limpiado porque no tiene esa opción en la aplicación móvil.

Eso sí, no para, desde que arranca hasta que se queda sin batería. En todo el proceso choca, vuelve para atrás, sigue adelante, sube a las alfombras,... Es un robot muy motivado, pero le falta FORMACIÓN. Acción tiene toda la del mundo, pero necesita especializarse.

Los hay más avanzados, más PRO, más especializados, es decir, más formados. El cliente que adquiera uno de estos robots más inteligentes, invierte en garantía de éxito, puesto que puedes programar la zona exacta de la vivienda a limpiar o puedes visualizar, en la app, la zona trabajada. Sabe exactamente su tarea a realizar y lo hace de forma eficaz y eficiente.

¿Qué te quiero decir?

Qué solo con acción no es suficiente.

Debes formarte para conseguir tu objetivo lo antes posible y no quedarte sin batería en mitad del proceso. Batería física y/o psíquica.

Dile, de vez en cuando NO a la acción y Sí a la formación.

Por otro lado, estamos invadidos, influenciados a arrastrarnos a un consumo desmesurado, creándonos nosotros mismos o debido a magníficas campañas de marketing, unas necesidades que en la mayoría de las ocasiones distan un mundo de las necesidades básicas.

Estas necesidades creadas son infinitas y algunas de ellas son: calzado, objetos para el hogar, vehículos, ropa, joyas, fragancias, viajes, gastronomía, y un largo etcétera.

Hay que sumarle que la tecnología va a la velocidad de la luz.

Hay aparatos que apenas tenemos tiempo para utilizar, cuando ya ha salido una nueva versión mejorada. No da tiempo a digerir tanta innovación, ni trastero tan grande para acumular lo obsoleto.

No sé tú, pero yo tengo una acumulación de "chismes" en casa que parecían ser "el no va más" y han pasado a ser un estorbo. Cámara de video, cámara de fotos, videocámaras deportivas, relojes deportivos, mp3, mp4, DVD, todos con su correspondiente "cablerío". Un desastre económico como te dejes llevar por la corriente.

Pero, además, surgen otras "autonecesidades" que nos hacen consumir nuestro bien más preciado, el tiempo.

Mi propósito con este libro es ayudarte como vendedor, pero también como persona, y hacerte consciente de que lo que no vivas hoy, no lo recuperarás mañana.

Por eso, aprende a gestionar el tiempo que inviertes en cada día, en cada actividad, porque se lo estás quitando a otra.

Te vuelvo a recomendar que utilices un FODA para saber si lo estás consiguiendo y si no es así rectifica lo antes posible.

Volviendo a las "autonecesidades". Las denomino así porque nos las generamos, casi al 100%, nosotros solitos. Van desde el ámbito social, familiar y, por supuesto, profesional.

Somos animales sociales. El vendedor que mejor sociabilice, mejores resultados tendrá y prácticamente sin esfuerzo.

De esto, no me cabe duda, pero nos creamos demasiadas obligaciones.

Tenemos obligaciones con todos nuestros grupos de interés: familia, amigos y como no, con nuestros clientes.

Observo que muchas personas se crean demasiadas necesidades: viajar, quedar con los amigos, ir a todos los conciertos, gimnasio, no perderse ningún sarao, asistir a todas las pruebas deportivas de su entorno. En resumen, consumir experiencias. Ahora está de moda devorar experiencias, aquí también el marketing ha triunfado.

Surge un nuevo consumidor compulsivo que aprecia menos lo material y sí las cosas vividas.

El año pasado en la feria del Corpus, me encontré a un amigo yendo a ver una corrida de toros. Y le pregunté:

- "¿Pero si a ti no te gusta este festejo?
- "Pero quiero vivir la experiencia", me contestó.

Me quedé boquiabierto.

Sinceramente pienso que esto antes no ocurría. Nuestros padres no hacían cosas que no les gustaran por vivir la experiencia. Creo que era algo que ni siquiera se planteaban. Cada uno disfrutaba de las cosas que le hacían sentir bien sin tener la necesidad de querer hacer otras por... Vivir la experiencia.

Ten claro que este tipo de consumidor también ha llegado para quedarse.

Yo mismo soy una persona que en muchas ocasiones he querido disfrutar de diferentes experiencias. Pero siempre he tenido presente que para mí, los míos son una parte primordial de mi vida a los que debo y quiero dedicarles tiempo.

Ya sabes,... "Lo que no se riega se seca".

Abre los ojos. Pon el foco en lo realmente importante. Vive las experiencias que quieras sin olvidarte de los que te rodean y te apoyan.

El beso que no das hoy, el abrazo que no das hoy, el te quiero que no dices hoy, ya está perdido.

Ojalá lector que mis consejos te ayuden a que seas consciente de esto y que aparte de mejorar algunas habilidades comerciales para obtener mejores resultados, también tengas más tiempo para lo realmente importante.

Siempre he sido muy trabajador y constante, herencia de mi padre, que aparte de inculcarme la importancia del esfuerzo, me enseñó la importancia de los silencios y tantas cosas más. Ha sido mi referente para desenvolverme en la sociedad.

Lo he tenido siempre claro. Trabajo para vivir y tengo la suerte de trabajar en algo que me encanta.

¿Conoces esta frase, verdad?:

"Cuando trabajas en algo que te gusta, ya no volverás a trabajar en la vida".

Pues eso me ocurre a mí. Además, siempre que he tenido alguna oferta profesional, he valorado más que el dinero o ascenso, el estar cerca de los míos y el salario emocional.

Soy muy competitivo, muy ambicioso, por eso compito y ambiciono estar más tiempo y de mejor calidad con mis seres queridos.

Por favor, reflexiona sobre esto porque seguro que conoces a algún amigo, familiar, conocido o cliente que te ha dicho:

- "Lo que cambiaría de mi vida, incluso dando todo lo que he ganado, es haber cuidado de mis padres o haber visto crecer a mis hijos".

Ya sabéis la expresión de tristeza de su cara cuando te dice esto. Este tipo de comentarios me llegan tan adentro que lo único que le puedo decir es:

- "Gracias por compartirlo, haré que no me pase a mí, gracias de corazón".

Es fundamental ayudar a tus clientes, pero no más que ayudar a tus seres queridos.

Mis padres, octogenarios los dos, viven muy cerca de donde vivimos mi mujer, mi hijo y yo. Mejor dicho, nosotros hemos hecho una inversión económica muy importante para estar cerca de ellos y de mi espectacular suegra, a la que quiero como a una segunda madre. Me encanta visitarla, aprender de sus sabias palabras y sus buenos consejos y por supuesto ayudarla en todo lo que requiere.

Un día nos dimos cuenta de que ellos necesitaban y cada vez más, de ayuda, pero sobre todo del cariño de sus hijos.

Antes vivíamos en un pueblo en el cinturón de la ciudad, pero queríamos mudarnos a Granada capital por lo que te he comentado y por todo lo que conlleva vivir en la mejor ciudad del mundo.

Lo reconozco, soy andaluz, exagerado, pero estoy totalmente enamorado de mi ciudad.

En mis rutinas semanales, incluyo con total agrado 3 ó 4 visitas a mis padres y a mi suegra. Te puedo asegurar que lo agradecen más que nada. Les encanta, como a cualquier persona (cliente también) que los escuches.

A todos nos gusta hablar de lo nuestro, pero en este caso ellos pasan mucho tiempo solos y quieren compartir sus inquietudes, y con quién mejor que con las personas que adoran.

Todo esto te lo comento porque está muy relacionado con nuestra profesión. Por cualquier establecimiento pasan decenas de vendedores que quieren contarle su historia al cliente.

Intenta no vender.

Escucha más y si te ganas su confianza, la venta la tienes hecha.

Te he hablado de mis padres y suegra, pero la misma atención tengo hacia mi mujer e hijo. No concibo mi vida sin poder dedicarle tiempo a estar con ellos a diario. Pero de forma activa y proactiva, disfrutando de ellos y espero que ellos de mi también.

En un segundo nivel de atención tengo a mis hermanos, cuñadas, cuñados, sobrinos, primos, amigos íntimos,… Siempre intento organizar jornadas para estar juntos.

Te decía que el tiempo es lo más importante que tenemos y por eso saber invertirlo es crucial.

Sabes que soy *fan* de la formación continua, pero de la formación continua con acción.

Desde que irrumpe en nuestras vidas el marketing de contenidos, observo que hay vendedores que se dejan arrastrar por la corriente sin valorar a posteriori si todo lo que están invirtiendo tiene el retorno adecuado.

Han proliferado los *blogs, podcast,* videos en *youtube,* en *LinkedIn.* Está genial, pero si te está aportando algo para tu negocio. Hay mercados y clientes que todavía son menos susceptibles y los resultados no compensan. Aparte de que desarrollar contenidos de valor para captar prospectos, no es nada sencillo.

Es decir, que solamente por estar presente *online*, no quiere decir que te asegures ventas.

Mi compañero en Málaga, Ricardo Ramos, fue de los primeros en crear un *podcast* de ventas en España.

Te recomiendo su programa porque te vas a entretener y te aportará contenidos para crecer como persona y vendedor. Tanto su *podcast como su blog* se llaman VENTAS ÉXITO.

Te animo a que lo sigas.

Ricardo es una persona/vendedor muy eficiente. Tiene perfectamente planificadas sus actividades diarias.

Todo lo que hace le suma y muchísimo, porque entre otras cosas, lo hace de manera solidaria para apoyar a una fundación y para ayudarnos a los vendedores, creando una inmejorable imagen de él y una auténtica marca personal.

No pretendas tener los resultados de Ricardo si no te pones en marcha. Esto tenlo claro.

Si quieres cambiar o mejorar tus resultados,...

Recuerda: Pasa a la acción.

Puedes profundizar en marketing de contenidos en internet o libros especializados para sopesar de antemano los recursos que debes dedicar a ello.

Con visión y acción seguro que consigues utilizar estas herramientas en pos de mejorar tu imagen, tu marca y atraer prospectos.

Como siempre, menos es más y te recomiendo que te centres en desarrollar una de ellas. Por ejemplo un blog especializado en algo muy concreto y en el que veas los resultados.

Lo ideal es enfocar en una sola tarea, bien definida en forma y tiempo y actuar.

La multitarea tiene ventajas, pero está comprobado que sólo el paso de una tarea a otra tiene una inversión de tiempo importante.

Te recomiendo reducir las tareas y ponerles tiempo de ejecución. La ley de *Parkinson* ya nos advertía, hace más de 50 años, que el trabajo se expande hasta llenar el tiempo disponible para su finalización. Es decir que las personas solemos dejar las obligaciones para el último momento.

Si tienes que presentar un informe a tu superior el día 25 de Febrero, lo vas a ir dejando dilatar en el tiempo hasta el día 24.

Si eres consciente de esto que te estoy comentando, lo ideal es que te organices para realizarlo antes de la fecha indicada, bien hecho y sin agobios. Porque si lo vas dejando, empiezan a surgir urgencias o temas importantes que también hay que solucionar, pero ya en modo multitarea, con el siguiente desenfoque y falta de precisión y de concentración.

Todos hemos experimentado esto.

Ya sabes que he sido siempre una persona de mucha acción, quizás demasiada, pero también de poca paciencia, lo que me llevaba en ocasiones a no terminar aquello que empezaba porque ya estaba pensando en la siguiente actividad.

Me gustaban y me gustan todos los saraos, tanto personales como profesionales, los deportes, las competiciones, seguir a mi Granada C.F, las quedadas con los amigos, las reuniones familiares. Todo aquello donde haya gente y movimiento me atrae y me costaba horrores decir que NO a lo que me propusieran amigos, familia, compañeros.

Entonces se cruzó en mi camino la persona que me guía, que me centra, que me ayuda a ver las cosas importantes y la que me apoya a que haga menos cosas, las que me apasionen, pero que las termine.

Ella se llama Montse, es mi compañera, mi mejor amiga y mi esposa.

Gracias a ella, he aprendido a decir NO en determinadas ocasiones e incluso a mí mismo.

Eso es lo que más me ha costado, porque antes llenaba la mochila de culpabilidad por decir NO a las propuestas que me hacían. Me parecía defraudar a esa persona si rechazaba su propuesta. Me sentía mal por no ser servicial y cortés.

Esta forma de ser me viene íntegra y directamente de mi madre porque es la persona más servicial que he conocido. Sólo piensa en los demás y en cómo hacerles felices.

Pues gracias a mi mujer, he aprendido a decir NO, a no sentirme mal al decirlo, y a saber disfrutar de menos cosas pero bien realizadas.

Por lo tanto, no estés preocupado si no estás presente en todos los canales y formas de conseguir clientes, porque nadie es capaz de cubrir, eficientemente, toda la barbaridad de posibilidades existentes.

Cortita y al pie, como se dice en el argot futbolístico.

Pocas, pero bien definidas y desarrolladas.

Pocas, bien desarrolladas, pero analizando los resultados por si hay que cambiar de estrategia.

Además, cuando focalizamos sólo en una cosa, el objetivo es mucho más alcanzable que si ponemos la atención en cien.

¿Conoces la fábula del zorro y el erizo?

El zorro es un animal muy inteligente, astuto que hace infinidad de actividades, pero el erizo sabe centrarse y focalizar en no ser devorado.

Lo ejecuta tan bien y se ha especializado en eso. Se enrosca dejando al descubierto solo sus pinchos y así se hace, prácticamente, inalcanzable para el zorro.

Así que focaliza sólo en aquellas tareas que puedas acabar eficientemente.

Por otro lado, es importante cuidar aspectos básicos de alimentación y descanso.

Menta sana in corpore sano debe ser una prioridad.

En tus rutinas diarias tienes que incluir ejercicio físico moderado, comida saludable y descanso suficiente. Esto te ayudará, y mucho, a afrontar la jornada laboral con energía.

En estos entonos tan cambiantes es fundamental tener controlados todos los aspectos que dependen de nosotros. Todo es muy incierto y no podemos dejar al azar nada que podamos controlar.

Actualmente a ninguna gran empresa se le ocurre trazar planes estratégicos a cinco años, como era habitual hace una década.

Se ponen, como mucho, a dos años y con un plan de contingencia en la recámara por si hay que utilizarlo antes de lo previsto.

Pues igual tienes que hacer tú, en continua revisión de las acciones que estés utilizando para saber si están dando resultados o no.

Hay acciones o técnicas que obtienen sus frutos a los meses y otras que son verificables al final de la jornada o incluso después de cada visita. Esto tenlo en cuenta para darles distinto tratamiento y poder modificarlo si lo necesitas.

Por ejemplo, si decides desarrollar un canal en *youtube* donde vas a colgar diariamente un pequeño video sobre técnicas de ventas y píldoras motivadoras, esto no te va a reportar clientes al día siguiente. Es un maratón que bien hecho te dará fuerza y una imagen única, pero a largo plazo.

Por el contrario, si tu necesidad es darle salida a tus productos porque la fecha de caducidad está cerca, debes utilizar otras herramientas como mandar un mensaje en un grupo de difusión de *whatsapp* o publicitarlo en *Facebook*.

Ambas tareas, en el complejo mundo de las ventas, son complementarias, pero la primera quiere una revisión mensual y la otra al final de la jornada.

En esto también debes ser camaleónico, ágil y rápido para detectar si se están obteniendo los resultados esperados y si no cambiar rápidamente de estrategia.

Ya sabes que en la era en la que vivimos, en este 2020, es crucial no despistarse y coger el camino adecuado, porque las tentaciones y la multitud de opciones para conseguir prospectos se han multiplicado.

Se siguen utilizando el buzoneo, carta tradicional, teléfono, *whatsapp,* mensaje de texto, retargeting (remarketing), *email marketing,* marketing digital, canal *youtube, blog, poscast,* redes sociales con su *social selling,* muestras, publicidad en radio, en prensa, en televisión, marketing social, medioambiental, referidos, conferencias, *networking,* promociones cruzadas, etc.

Un sinfín de maneras de llegar a los prospectos, más las que vendrán, que es imposible abarcarlas todas simultáneamente.

Pero sí que pueden ser complementarias o utilizar las que mejor se adapten, en cada ocasión, o a cada vendedor.

Hay que estar siempre alerta a las novedades en este campo y consciente de las alternativas que tenemos al alcance de la mano o del pulgar.

Elige las formas que más se amoldan a ti y desarróllalas a fondo, y,...

¿Por qué no?

Recuerda a Groucho Marx:

"Estos son mis principios, si no te gustan tengo otros".

Pues eso,...

"Éstas son mis técnicas, si no funcionan, tengo otras".

¿Cuáles son las tuyas?

10

No eres empleado, eres autónomo

Llevo casi veinte años vendiendo, en primera línea de batalla y cuando miro atrás y analizo los motivos de porqué nunca he estado parado, creo que tiene mucho que ver con el título de este capítulo.

Todo influye, pero lo que más influye en la vida es nuestra actitud.

Desde adolescente me gustó tener independencia económica.

Obtuve mis primeros ingresos recogiendo aceituna en mi pueblo durante las vacaciones de Navidad.

Esos años, a través del contacto directo con los agricultores, aprendí mucho de la forma de hacer tratos.

Me cautivó que la honestidad es un valor inamovible, que un apretón de manos para cerrar un acuerdo es mucho más importante que cualquier contrato escrito, y que la palabra dada se cumple a rajatabla.

Continué trabajando los fines de semana, como camarero, en el bar de mi primo o montando casetas en ferias con algunos amigos.

Posteriormente, en la hostelería de la noche granadina, como tantos y tantos estudiantes de mi ciudad.

Las experiencias en el mundo de la hostelería me motivaron a emprender un negocio propio con unos amigos.

Sentía que mi sitio podía estar al frente de una empresa de este tipo y decidimos abrir nuestro propio café/pub.

Invertimos un dinero importante. Lo montamos con mucho esfuerzo. Trabajábamos todos a una haciendo las obras de reforma nosotros mismos y con gran ilusión esperábamos el momento de la inauguración.

La ubicación era ideal, al lado de la Facultad de Derecho. Hacíamos turnos desde las tres de la tarde hasta las tres de la madrugada. El ambiente era lógicamente universitario y al principio, las cosas fueron viento en popa hasta que surgieron las dificultades.

El sueño duró tres años. Fue una gran experiencia de la que saqué múltiples enseñanzas.

De todos estos años de hostelería, y de haberlo vivido desde dentro, creo que adquirí una conexión especial con este tipo de clientes. Gracias a ello también conozco a muchos propietarios del gremio.

Estos emprendimientos vividos me hacen valorar, y mucho, lo que cuesta levantar una pequeña o gran empresa. Además de conocer directamente muchas de las preocupaciones que tienen los emprendedores y empresarios.

En 2003 empecé a trabajar en Editorial Planeta como vendedor autónomo. Esta opción contractual no me supuso ningún rechazo inicial, como sí les pasaba a otros vendedores que venían de ser asalariados de otra empresa.

Era muy consciente de que tenía que vender para generar ingresos, tanto para la empresa como para mí, tal y como hacía en los negocios anteriores de los que era socio propietario.

Cuando pasas a ser empleado de una empresa empiezas a valorarlo todo, porque sabes que cualquier cosa tiene un coste importantísimo.

Valoras los catálogos, hojas de pedidos, fotocopias, vehículo, teléfono, oficina, ordenadores, múltiples departamentos, etc.

Por mi manera de ser, por mis experiencias anteriores, o seguramente por ambas cosas, siempre me he considerado y trabajo como si fuese AUTÓNOMO.

Como podrás imaginar yo no soy el propietario de Calidad Pascual, o quizás sí, porque una parte de los beneficios son para mí. Aparte de esta apreciación es muy importante que hables de tu empresa, sea tuya o seas empleado, como si fueses el dueño. Ante el cliente tú eres y debes ser, la persona que le resuelva todos los problemas, la persona que le saca de dudas y la persona con la que tienen que negociar para buscar metas comunes. Esto te dará muchísimo valor ante tu cliente, diferenciación y aumentará tu marca personal, tu *personal branding*.

Te recuerdo que el objetivo principal que me propongo con este libro es que mis experiencias te aporten valores para que seas mejor vendedor, trabajes menos, trabajes mejor y así obtengas mejores resultados profesionales y personales porque tendrás más tiempo libre.

Los resultados exitosos te llegarán antes y mejor, si aceptas esta premisa.

Debes ser y considerarte autónomo en todo lo que haces, porque lo que consigas depende, casi en su totalidad, de ti, es decir, de tu actitud.

¿Qué más da quién pague a la seguridad social?

No es importante si eres tú directamente (como autónomo), o tú a través de la empresa para la que trabajas.

Esto no debe influirte. No tiene importancia.

Lo importante es que te preguntes si estás trabajando en lo que te gusta.

Si no es así, el problema no radica en la relación contractual que tengas con tu empleador. Es que estás totalmente desenfocado, no sólo en el trabajo, sino en la vida.

Si no estás vendiendo en el sector que te gusta, no te quejes y busca otra opción que, a priori, creas que es la más idónea para ti. De lo contrario, te amargarás tú solito y prácticamente te será imposible cumplir con unos requisitos mínimos de venta.

Siempre la culpa será del jefe, del compañero, del tiempo, del producto, de las comisiones, del sueldo, del mercado, del horario.

Siempre será culpa de lo externo, pero nunca tuya.

Hay vendedores que encuentran su sitio antes que otros, como es lógico, pero no te preocupes si tienes que cambiar de trabajo o incluso de sector para encontrar el tuyo.

En 2007 tuve claro que mi periplo como vendedor en el mercado de venta directa, en el sector editorial, había llegado a su fin.

Podría haber aguantado mucho más sin ningún problema, pero mis sensaciones no eran las idóneas para continuar.

Tenía algunas ofertas de trabajo y cambié radicalmente.

Comencé a vender telefónicamente diseño de páginas *webs*. Cobraba tres veces menos de lo que estaba ganando en la venta directa de enciclopedias y obras de consulta.

Ha sido la mejor decisión laboral que he tenido, como siempre gracias a mi mujer, por aquellos entonces mi novia. Ella era más consciente que yo, de que era hora de cambiar de trabajo.

No fue sencillo pero había que hacerlo.

En algún momento de tu vida debes hacerte esta pregunta: "¿Cuál es mi objetivo, qué quiero hacer con mi vida?"

Poca gente lo tiene claro y se deja llevar, literalmente, por la corriente.

Es vital saber hacia dónde te diriges tanto en tu vida profesional como en la personal. Tenerlo claro y luchar por ello hará que estés más cerca de la ansiada felicidad. En mi opinión éste es el punto de partida para conseguirla.

¡Ya te encontrarás en el camino suficientes obstáculos inesperados que a veces te lo pondrán difícil! Pero si sabes lo que quieres...

Me remonto a la Reconquista de Granada por los Reyes Católicos, año 1492. El Reino Nazarí de Granada era dominado por el Sultán Muhammad XII, a quien los cristianos llamaban Boabdil el Chico.

Cuando los musulmanes fueron expulsados de la ciudad y se dirigían hacia la costa, se detuvieron en una pequeña elevación montañosa, a unos 10 kms de

Granada, que es el último punto desde donde se ve la ciudad y La Alhambra, también ahora en la actualidad.

Boabdil empezó a llorar por la frustración de haberla perdido y su madre Aixa le dijo: *"Llora como mujer lo que no supiste defender como hombre"*.

Desde aquel momento a esa zona se la conoce como "El Suspiro del Moro".

Medio realidad medio leyenda, lo importante es que le frase es demoledora. Una de esas frases que te hacen reflexionar.

Una de las corrientes más habituales y devastadoras en nuestra sociedad suele ser, la corriente del trabajo.

He conocido a muchas personas que han dejado de lado su vida personal por dedicarle muchísimo tiempo a lo estrictamente laboral.

Puedo justificar esos comportamientos, hace 20 o 30 años por la situación histórica y social donde las horas de trabajo eran una forma de medir al empleado más comprometido con la causa. Pero actualmente, donde nos miden por eficiencia y resultados, no tiene justificación trabajar más de 40 horas semanales.

Que son más que suficientes si tienes claro tu rol, si tienes claro tu desempeño laboral.

De ahí la importancia de saber cuál es tu visión, cuál es tu sueño y a dónde quieres llegar. Cuando esto lo tengas claro debes definir tu misión, tu propósito en la vida, los pasos que vas a dar para llegar a tu objetivo.

Durante un curso de formación al que asistí hace unos años, la ponente Maryam Varela nos preguntó a todos los asistentes, éramos 15 personas:

- "¿Cuál es vuestro objetivo en la vida?".

Hubo respuestas muy diversas, desde propietario de una marca de café, hasta director comercial, pasando por gerente de su propia empresa.

Casi todas las respuestas iban encaminadas a cómo se veían en un futuro como profesionales y pocos respondimos desde el punto de vista, estrictamente, personal.

Mi respuesta fue sincera y concisa, dije:

-"SER FELIZ".

Obviamente, mi respuesta no pasó desapercibida ni para mis compañeros ni para la psicóloga que impartía el curso.

Me agradeció la respuesta, no porque le gustase más o menos, sino porque le respondí como persona y no como profesional.

Si te fijas, muchas personas cuando se presentan en ámbitos no profesionales, lo hacen centrándose en su aspecto laboral mucho más que en el personal.

Creo que somos mucho más importantes y genuinos como personas que como trabajadores.

Pues yo me visualizo siendo feliz, ese es mi fin último. Debo centrarme en qué y cómo lo estoy haciendo y si me siento realizado.

Esto, que puede parecer muy filosófico y difícil de alcanzar es más sencillo de lo que parece. Pero el ser humano tiene el defecto de complicarse en lo más trivial.

Tienes que tener muy claro que tanto tu visión como tu misión son totalmente subjetivas. Son las tuyas, las que te hacen feliz a ti y no debes dejarte llevar por lo que te digan otros.

Para mí es mucho más importante crecer primero como persona y así poder ser un excelente profesional.

Solamente siendo buena persona, ya tienes mucho adelantado y si además tienes actitud positiva, conseguirás lo que te propongas.

Cualquier misión que te marques, cimentada en tu pasión, en tu don, en tus habilidades, más el esfuerzo diario y la actitud positiva, te harán de manera sencilla y disfrutando del proceso, una persona FELIZ.

Lo importante es sentirte bien con todo lo que haces, más aún que el objetivo final que cada cual haya visualizado.

Mi misión está sustentada en ser buena persona y dedicarle tiempo a mis seres queridos. Yo necesito pasar tiempo con mi mujer, con mi hijo, con mis padres, con mis hermanos, con mi suegra, cuñados, sobrinos, amigos.

Lo necesito para sentirme bien, para sentirme completo. No puedo estar más de una semana sin visitar a mis padres octogenarios. No entiendo a las personas que viviendo en la misma ciudad que sus padres pasan los meses sin verlos y lo que más me fastidia es cuando se excusan en que tienen mucho trabajo.

¡Como que a mí me regalan el sueldo!

Es solo cuestión de focalizar en lo importante, pocas cosas hay más importantes que estar atento a las necesidades de tus seres queridos.

Hay que ser muy buen profesional, autónomo, responsable, eficiente e independiente para tener tiempo para lo realmente importante y no sólo para lo urgente.

Seguro que conoces a algunas personas de las que no visitan a sus seres queridos amparados en sus "exitosas" carreras profesionales.

¡Qué pena!

Nada ni nadie puede excusar que no le dediques tiempo a tus familiares directos, y no computa el tiempo que le dedicas cuando les dejas o recoges a los críos porque te los cuidan mientras están malitos y tú estás trabajando. Eso no cuenta como tiempo dedicado a ellos, eso es tiempo que debes sumarte para devolvérselo con atención y cariño.

El crecimiento personal pasa por sentirte bien contigo mismo gracias a las acciones hechas desde el corazón.

Cuando antes interiorices esto y lo pongas en práctica, antes te sentirás pleno y realizado.

Te recomiendo, al igual que revisas tu plan comercial para orientar tu ruta, que hagas exactamente lo mismo con tu plan personal.

Si no lo tienes, deberías planificarlo y saber si estás dedicando el tiempo y cariño necesario a tus seres queridos.

Cuando estés mal anímicamente piensa si el motivo es profesional o más bien personal. Si te centras en estar bien contigo mismo, saldrás a la calle a comerte el mundo como vendedor, pero como te lastren temas personales, así seas "El Zidane" de las ventas, no te durará mucho el éxito.

Todo esto afecta directamente en tus resultados como vendedor y como profesional, te dediques a lo que te dediques.

Aquí te tienes que apoyar, también, en ese afán de ayudar al próximo de una manera desinteresada y diferente.

Vender es ayudar a solucionar un problema que tiene tu cliente. Escúchalo y después ofrece tu solución desde el corazón.

Eso se transmite y es percibido por todas las personas que se relacionan contigo.

Por tanto depende solo de ti, que en un futuro llores como vendedor lo que no supiste defender como persona o que sonrías de felicidad por todo el bien que has hecho.

Volviendo a lo profesional, ve a por el trabajo que te apasiona porque siempre existirá la ley de la oferta y la demanda. Si no estás a gusto como empleado pues emprende tu sueño como empresario. Si, por el contrario, estás cansado de tu situación como emprendedor, busca trabajo en alguna compañía.

Todas están necesitadas de tu talento. Pero nunca te quejes sin hacer nada para revertir tu situación.

Descubrí que ser autónomo tiene cosas buenas y cosas malas, exactamente igual que ser empleado.

Tengo la virtud de ver siempre el vaso medio lleno. Si tú eres de los que ve el vaso medio vacío, probablemente, no estás a gusto en ninguna de las situaciones.

Aún así, recuerda analizar tu situación para decidir en qué condición contractual te gustaría vender.

Sí te recomiendo que no esperes a que nadie te traiga los pedidos a casa. Tanto en una situación como en otra, tu trabajo debe ser igual de excelente.

Tienes que ser muy consciente de que una parte de tu venta es para ti.

Reitero, pague quien pague a la Seguridad Social.

Habrá quien piense que los empleados por cuenta ajena tienen más ventajas.

Pues yo les diría que busquen trabajo en una empresa privada.

Habrá empleados que digan que como autónomo tienes más libertad y se puede ganar más dinero.

Pues ya sabéis, a desarrollar una idea y a ponerla en el mercado.

De verdad, no pierdas tu apreciado tiempo en esta obviedad.

Siéntate, escúchate, analízate y acción.

Al igual que cuando encuentres tu trabajo no volverás a trabajar en la vida, ya que disfrutarás tanto con lo que haces que no te percatarás de tu esfuerzo, todo lo contrario ocurre si te dedicas a algo que no te gusta. Cada día será una agonía ir a trabajar.

Hay casos en los que por necesidad no hay opción a elegir. Aquí no voy a poner objeciones. Pero, también, ya sabes que hay muchas personas que se quejan de vicio de su situación, tienen posibilidad de elección y no hacen nada por remediarlo.

¿Conoces el tópico español de: "¡Qué bien viven los maestros!?"

Lo dicen sólo los que no tienen un docente en su familia. No saben la de trabajo que se traen a casa y la responsabilidad que tienen cuando hablamos de la educación de un país.

¿Pues sabes lo que suele contestar mi mujer cuando le dicen que tiene muchas vacaciones? Que las puertas de la facultad están abiertas.

No quieras tener los resultados del prójimo si no te esfuerzas ni haces nada para cambiar un método que no te está dando los frutos deseados.

Hay personas que se quejan de su trabajo, pero no hacen nada por formarse, por reciclarse. Los trabajos no caen del cielo, requieren preparación y esfuerzo.

En esto también debes ser autónomo.

No puedes esperar a que te ofrezcan un maravilloso curso del área que sea a coste cero.

Sé autónomo, busca talleres, conferencias, contenidos multimedia especializados, contenidos digitales, pero fórmate como lo que eres, un auténtico AUTÓNOMO.

Los mercados, cada vez son más cambiantes, inciertos, complejos, ambiguos y volátiles (entornos VUCA).

Esto siempre ha sido así y últimamente con la aparición del COVID 19, estos entornos se han hecho aún más extremos y anuncian cambios en el estilo de vida de la humanidad en todos los aspectos.

Tienes que dirigir tu día a día, tu formación, tu estrategia comercial, tu planificación, tu horario, incluso tu salario, si puedes.

Siempre ha sido importante la autonomía, pero ahora, más aún. Tu empresa tendrá un plan comercial genérico, pero debes ser tú quien elabore su propio plan comercial individual. Es el momento de tomar decisiones, es el momento de sacar ese gran vendedor que llevas dentro.

Este caso real, ejemplifica lo que es ser autónomo y lo que yo entiendo que es "servir a lo grande".

Un colegio, cliente mío, me llamó para encargarme treinta cajas de batidos para la celebración de San Andrés. Hacían un desayuno comunitario con todos los alumnos y les daban un batido a cada uno de ellos. Eso era un miércoles y lo necesitaban para el viernes. Quedamos que si no me decían lo contrario se lo facturaba al AMPA del colegio, pero que de todas formas me llamarían al día siguiente (jueves) para confirmar a quien debía facturar el pedido.

Pasó el jueves y el viernes a las 10:00 de la mañana me llamaron preguntando por los batidos. Ni me habían llamado el día anterior, ni yo había grabado el pedido como dije que iba a hacer.

¿Cómo lo solucioné?

Primero, asumiendo mi culpa; segundo, priorizando y poniendo el foco en resolver la situación; y tercero, poniéndome manos a la obra.

Los batidos debían estar a las 11.15 en el colegio. Me monté en el coche y de camino a uno de mis clientes, lo llamé para que me prestara esas treinta cajas de batidos. Los cargué en mi coche y llegué al colegio justo a tiempo.

Quizás te preguntarás que no es para tanto, ¿verdad?

¿Y si te digo que las treinta cajas de batidos eran de la competencia?

Pues efectivamente, ningún cliente tenía stock de mis batidos ese día, por lo menos ningún cliente que me diese tiempo a recogerlos y llevarlos. Así que tuve que entregarles unos batidos de los cuales no me llevo ninguna comisión.

Me llevé algo mucho más importante, dormir tranquilo esa noche y conseguir un cliente leal que me ha abierto las puertas de los otros colegios de su congregación.

De veras que yo solo quería que los niños disfrutaran del día de San Andrés y ese servicio que di, me reportó muchísimo más que la comisión (que hubiera ganado) por unas cuantas cajas de batidos.

Si tu prioridad es ayudar a que el cliente consiga sus metas, te será muy fácil prosperar como vendedor.

¡Eres autónomo!

¡Compórtate como tal!

Tus resultados y tu bienestar te lo agradecerán.

11

Aquiles

¿Peliculón?

La de Troya, ¿verdad?

A mí me encantó. Me encantó la ambición de Aquiles de perdurar en el tiempo y querer que siempre se hablase de él.

¿Es muy presuntuoso aspirar a tanto como vendedor?

Hay que apuntar alto, y apuntar alto significa aquí que los clientes hablen tan bien de ti que, prácticamente, la competencia tengan la puerta cerrada.

Si eres capaz de conseguir esto, has conseguido tener MARCA PERSONAL.

Ten muy en cuenta que tú eres el producto principal de la propuesta de valor que le harás llegar al cliente. Y si además crees en el servicio que representas, esto será un binomio ganador.

Debes dejar un rastro positivo, una huella por donde pases, gracias a tus buenas acciones y actitud.

Generar ese impacto positivo te hace diferente. Al igual que si crees, realmente, que estás aportando al cliente y a la sociedad un servicio o producto que mejore su calidad de vida.

Los que tenemos la fortuna de trabajar en una empresa como la mía, tenemos mucho ganado porque creo, ciegamente, que mejoramos la vida de nuestros grupos de interés.

Estamos continuamente focalizados en mejorar, dando soluciones reales a la sociedad y al medio ambiente.

Por lo tanto la confianza que transmitimos es percibida por el cliente.

Tienes que hacer cosas diferentes y sentir que aportas algo más que un solo producto o servicio, para tener esa sensación de autoridad. Autoridad de estar aportando un plus al cliente que hace que te perciban como un especialista, gracias a tu propuesta de valor única.

Pues eso es la famosa marca personal.

¿Cómo se consigue esto?

Principalmente con actitud positiva y afán de servicio.

¿Sólo con esto?

No, porque además son muchas las aptitudes que tienes que desarrollar.

Incorporaré muchos ejemplos personales para que te sea más fácil identificarlas. Además, seguro que te acordarás de algún ser querido o compañero que reúne las características de ese apartado en concreto.

También debes ser consciente que desde pequeños, cada uno vamos moldeando nuestra marca personal, la cual es perceptible por todas las personas con las que nos relacionamos.

¡Vamos con ellas!

Escuchar.

Si fueses consciente del valor que tiene la escucha activa, la pondrías en marcha hoy mismo.

Seguro que te viene a la cabeza algún ser querido con el que pasas ratos muy agradables y seguramente pueda ser porque te escucha cuando hablas. A mí eso me pasa con la mujeres de mis hermanos, es decir con mis cuñadas, Carmen y Mónica.

Cuando estoy con ellas me preguntan por la salud, por el trabajo, sin prisas y gracias a eso me siento escuchado. Al sentirme escuchado me siento bien porque a todos nos encanta hablar de lo nuestro y que nos escuchen activamente.

Agradezco infinitamente esta virtud.

No seas un vendedor elefante de los que entran irrumpiendo en los establecimientos con el solo afán de colocar el producto que quieren vender.

Pregunta y escucha al cliente.

El cliente te va a contar lo que necesita. No te compliques queriendo vender lo invendible. Él tiene sus necesidades y tú le tienes que ofrecer lo que él requiere.

¡Claro que le puedes vender otra cosa! Pero si no es lo que busca no se la volverás a vender.

Así que escucha y ya tendrás mucho ganado.

Ya sabes, a todas las personas nos encanta contar nuestra película y no que venga el vendedor anticuado a calentarnos la cabeza.

Tengo una casa familiar en mi pueblo, Montillana (Granada), a la que voy ocasionalmente con la familia. La planta superior, donde están las habitaciones, está muy mal aislada. Hace mucho frío en invierno y muchísimo calor en verano.

Como vamos poco, tampoco es un gran inconveniente, pero pensamos que si encontramos alguna oferta de climatización, pues estaría genial instalarlo.

Un día decidí ponerme manos a la obra y visité un establecimiento de una famosísima cadena dedicada a la venta de electrodomésticos. Me atendió muy educadamente un vendedor que empezó a recitarme todas las características de todos los modelos que estaban colgados en la pared.

Pensé que era algo innecesario puesto que todas esas características ya las había leído yo, ya que las tienen expuestas (como sabéis) en cada modelo.

¿Qué hizo mal el vendedor?

Pues casi todo, excepto, el agradable saludo.

Simplemente con haberme preguntado qué era lo que necesitaba, yo hubiese empezado a contarle mi película, mi historia, mis problemas de frío y calor en esa casa, que vamos poco, que es de mis padres, pero vamos todos los hijos, en fin,...

Me hubiese sentido escuchado y el vendedor hubiera adaptado su propuesta a mis necesidades.

A todos nos encanta que nos escuchen de forma activa, nos encanta contar lo nuestro.

Como no me sentí valorado y tampoco es una cosa de necesidad imperiosa, me fui como había llegado.

Los clientes reciben a muchos comerciales diariamente, de los que te tienes que diferenciar con un buen plan de acercamiento y eso comienza con la escucha.

Ten, también, en cuenta que pasamos solo unos minutos a la semana con el cliente, y debes ser muy profesional en ese tiempo que estés frente a él.

Si no escuchas, no serás un vendedor destacado.

No dediques el tiempo de tu visita a hablar de lo que sabes, sino a escuchar y ayudar a darle solución a los problemas del cliente. Déjalo hablar a él primero y luego hazle una pregunta inteligente y abierta para que siga hablando. Él solito te pondrá en bandeja que puedas ofrecerle tu propuesta adaptada a sus necesidades.

Así de simple y gracias a ello irás dejando huella.

Prohibido el móvil.

Totalmente prohibido utilizar el teléfono en la visita comercial. Cuando estés con el cliente, te debes centrar solo y exclusivamente en lo que te esté diciendo.

En estos últimos años, he visto atrocidades con el uso del móvil en las visitas de los vendedores, y sabes perfectamente a lo que me refiero.

Si tienes que bajar el volumen o desconectar el teléfono, hazlo.

Incluso te recomiendo que si estás en plena llamada, no te plantes delante del negocio del cliente y, mucho menos, entres en el establecimiento hablando.

Esto quita importancia a la visita y la conviertes en pura y mera rutina. No debe ser así.

Se trata de todo lo contrario, de crear una imagen de vendedor cercano y que presta toda su atención al cliente.

Cada visita debe ser única y debes hacer que tu interlocutor lo sienta así.

Profesionalidad.

Te quiero recomendar que no te tomes confianza con el cliente que no te la da.

Somos vendedores y no amigos de los clientes. Nos relacionamos con ellos para ofrecerles una experiencia única al comprar nuestro producto o servicio que es perfecto para cubrir su necesidad y nosotros recibimos una compensación económica, y nada más.

Tienes que ser un profesional curioso, pero nunca cotilla.

No debes preguntarle por temas personales a no ser que él te lo cuente, pero aún así entras en terrero pantanoso.

En estos casos, con más motivo aún, debes escuchar, después escuchar y finalmente escuchar.

Cualquier valoración que hagas es arriesgada. En estos momentos esa persona solo te está pidiendo que la escuches activamente más que nunca.

Así que centra tu visita en resolverle los problemas laborales y no en creárselos.

Intenta ser su mejor vendedor y no su mejor amigo.

Por otro lado, para ser un gran profesional tienes que emplearte a fondo en conocer tu producto. Sus características, beneficios y ventajas con respecto al de la competencia.

Es fundamental conocer a la competencia, tanto o más que a tu empresa. Así sabrás dónde flaquea y podrás ofrecer una solución diferenciadora al cliente, persuadiéndolo para que elija tu opción.

Conociendo a fondo a la competencia sabrás en qué nichos o segmentos del mercado son más débiles o no tienen presencia. Podrás entrar en esos "océanos azules" donde hay menos empresas luchando y así no entrarás en una lucha encarnizada donde la negociación se base en el precio o en la marca personal del vendedor.

Ten en cuenta que los mercados están "hipersaturados" de productos/servicios muy similares en características y beneficios. Si entras a luchar en ellos, tu marca personal es lo más importante para que el cliente se decante por ti.

Si los clientes dicen de ti que eres un gran profesional, es porque ya tienes marca personal.

Eso es un valor intangible e inmejorable y habrás conseguido llegar a sus emociones, incluso a su corazón.

Otra forma de transmitir tu profesionalidad es el famoso *Pull/Push*. Hay muchas teorías al respecto, pero espero que con el siguiente ejemplo se te quede claro.

En 2017 mi mujer y yo nos compramos un piso y por supuesto tuvimos que acudir al banco para solicitar una hipoteca.

Por parte del banco todo era amabilidad, cortesía, alfombra roja, comunicación diaria por teléfono o correo electrónico. Sólo les faltaba invitarnos a una copa.

Es decir, había una reciprocidad continua y una comunicación súper fluida por distintos canales.

El *Pull/Push* era idóneo para las dos partes.

¿Qué ocurrió cuando ya firmamos el préstamo hipotecario?

Pues que cuando necesitaba comunicarme con el director del banco por alguna comisión cobrada erróneamente o por otro motivo, ya no existía esa fluidez.

Como cliente me quedé defraudado. Por su parte ya consiguieron lo que necesitaban y no era necesario prestarnos la misma atención.

Es un error de bulto por su parte, porque han perdido el resto de productos que teníamos contratados con ellos, y lo más importante, nuestra confianza.

Pues como vendedor no puedes cometer ese fallo.

Si habilitas con tu cliente unos canales de comunicación debes cubrirlos en todas las circunstancias. No sólo lo utilices cuando te interese a ti porque te estarás equivocando.

También te recomiendo que seas muy rápido en darle respuesta y solución a cualquier incidencia que se haya producido en el complejo proceso de venta.

Independientemente del departamento que haya cometido el error, tú eres la cara visible de tu empresa frente al cliente.

Un fallo se puede convertir en una oportunidad si actúas con profesionalidad.

Nunca rechaces un café.

En ocasiones vamos como pollo sin cabeza y pensando solo en lo nuestro. Es primordial que tengas planificada tu jornada laboral y que dentro de esa planificación entre el tiempo que vas a dedicar a prestar atención a esas señales que te envía el cliente y así darle prioridad a lo realmente importante: las personas.

Si un cliente te invita a un café, o quiere contarte algo, bríndale esa atención y ese tiempo que te está pidiendo.

No seas esclavo del reloj y prioriza adaptándote a la situación actual y dándote cuenta de que cuando un cliente quiere contarte algo, ya sea profesional o personal, es porque le inspiras confianza.

Párate y escúchalo, aunque tengas prisa. Esos minutos invertidos son necesarios para diferenciarte de la competencia e ir forjando tu marca personal. Vas creando una huella, un vínculo especial que hará que posteriormente se acuerden de ti cuando necesitan información o algún producto nuevo para su negocio.

Me da un chute de energía cuando algún cliente me llama preguntándome si yo tengo algún producto nuevo que quiere introducir en su negocio.

¿Sabes lo valioso que es eso?

Es debido a que he hecho las cosas bien y me lo quiere agradecer. Por algún motivo, algo habré activado en su cerebro que se ha acordado de mí entre tantísima oferta que tiene al alcance.

Somos animales sociales y debemos ser conscientes de que lo más importante es la persona.

El tiempo es el recurso más importante que tenemos, así que debes focalizar y priorizar para invertirlo convenientemente, o dicho de otra forma, para no perderlo.

Ese trato personalizado es lo que hará blindar tu producto o servicio.

Cuando consigues llegar al corazón del cliente, gracias a esos valores de confianza y cercanía, le cerrarás la puerta a la competencia. Esa compra por afecto, es una de las principales motivaciones de compra entre las personas. Y una relación profesional basada en él, es casi inquebrantable.

Por la misma razón, te será muy difícil conseguir un cliente cimentado en esos valores por parte de la competencia.

En 2010, Calidad Pascual, la empresa donde trabajo, compró Café Mocay. Como te imaginarás, era vital focalizar en desarrollar esta familia de productos para crecer en el canal HORECA.

De entrada todo eran fortalezas, puesto que incorporábamos al catálogo, cafés de altísima calidad, azúcar, infusiones, complementos, menaje, cafeteras, molinos, etc.

¿Oportunidades?

Todas las del universo de clientes HORECA.

En Granada no había ningún cliente de esta marca, así que muchos de los clientes de Calidad Pascual eran el prospecto perfecto para introducir las nuevas referencias.

La segmentación ya la teníamos hecha, por lo tanto sabíamos perfectamente cuáles eran los clientes potenciales.

¿Debilidades?

Las tenía.

¿Amenazas?

También.

Pero, ¿sabes cuáles eran los clientes más difíciles de captar?

Los que la competencia había trabajado con una propuesta de valor basada en el afecto, la cercanía y la confianza.

Estos clientes son muy difíciles de conseguir, pero no imposible.

Cuando intentaba ofrecer mis nuevos productos a estos clientes, me decían que llevaban 25 años con su proveedor y que tenían una relación un poco más allá de la estrictamente comercial.

Te recomiendo que seas muy elegante con este tipo de clientes, que tienen este vínculo de casi amistad con su proveedor actual, y que no fuerces la situación porque no lo vas a conseguir en las diez primeras visitas.

Estos clientes se trabajan por dos vías principalmente:

1. Intentando que solo prueben una pequeña porción de tu tarta, es decir, algún producto de tu catálogo para después desarrollar el resto.

2. Informándole que has incorporado a tu catálogo una nueva línea de productos y que si alguna vez tiene algún problema con su proveedor, tú estarías encantado de hacerle una propuesta única.

Además, en este producto en concreto, hay un desconocimiento muy grande por parte del cliente y en muchos casos no sabe ni qué está comprando y ni el precio.

La competencia se ha ganado su confianza a lo largo de los años y se puede decir que le compra por su cara bonita.

Esto es MARCA PERSONAL en mayúsculas.

Estos acuerdos son antibombas, prácticamente imposibles de romper.

Estas relaciones basadas en la confianza absoluta hacen que los errores no sean considerados como tal.

En la vida personal ocurre lo mismo. Mi primer amigo fue mi primo Jose. Hemos vivido tantas cosas juntos que daría para escribir otro libro. Probablemente los dos nos habremos equivocado alguna vez, pero como tenemos una relación tan estrecha, tan íntima, tan duradera, pasamos por alto cualquier descuido del otro. Siempre nos tenemos en mente aunque no nos veamos muy a menudo y cuando estamos juntos sentimos la misma confianza.

Alegría.

Es de vital importancia llegar al cliente con una sonrisa en la cara. Sonrisa totalmente sincera.

Debes estar agradecido por el simple hecho de recibirte y eso se merece llegar a él con ilusión, con entusiasmo.

Ya te dije que claro que te compran por tu cara bonita, porque desprendes optimismo. A la tristeza o la antipatía no le compra nadie.

Todos tenemos problemas, así que sé profesional y cuando llegues a un cliente, sonríe, porque eso también te diferenciará de un gran número de vendedores.

Otro de mis íntimos amigos, que es uno más de la familia, es el ejemplo perfecto para explicarte la fortaleza de la sonrisa.

Se llama Gustavo y nos conocimos en 1995 en Tenerife, en el servicio militar. Él es del sur de la isla.

Conectamos desde el primer momento gracias a su simpatía. Igualmente conecta él con sus clientes en su taller de vehículos. Gracias a que tiene una actitud positiva para afrontar los problemas del día a día y de la vida, llega de manera única a todas las personas con las que se relaciona.

Así que sonríe y conecta. Eso hará que se acuerden de ti.

Sorprende.

A todas las personas, o a casi todas, nos gusta que nos sorprendan. Pues esto mismo deberías hacer con tu cliente.

Las formas de hacerlo son infinitas. Los recursos materiales de tu empresa son finitos, pero hay otros recursos infinitos que las personas apreciamos mucho más que un simple regalo material. Me refiero a esos pequeños, o grandes detalles al alcance de cualquier persona.

La pasada Navidad empezaron los mensajes navideños, colapsando el teléfono. No suelo contestar a ningún mensaje que no sea personalizado.

Pero en ese momento y por alguna razón, ese detalle me hizo sentir el impulso de agradecer a mis clientes que hubieran confiado en mí este último año. Mandé unos cuantos mensajes a unos diez clientes y el resultado fue impresionante.

Me sentí halagado con lo que me contestaron, pero sobre todo me sorprendió que me dijeran que nunca antes un vendedor les había agradecido nada de esa manera.

Yo hice algo que me salió de dentro porque esos clientes se convierten en parte de tu vida y te aportan mucho profesionalmente.

Esto es, claramente, crear una marca personal.

Por eso, no hay que esperar a Navidad para tener un gesto tan sencillo. Lo puedes repetir cualquier día preguntándoles por la salud, si sabes que han estado enfermos, por los estudios de sus hijos, si previamente han confiado en ti para contártelo, etc.

Es imprescindible ser buena persona, querer ayudar y dar servicio de forma incondicional.

Mi hermana Ana es la mayor de los cuatro hermanos que somos. Ella siempre está sorprendiendo a toda la familia con infinidad de detalles. Desde poner su casa a disposición de todos para las celebraciones, tener todo tipo de manjares suculentos,… Hasta incluso tener preparado un concurso de disfraces que nadie esperaba. Su afán es sorprendernos y hacernos sentir especiales. Y por supuesto, lo consigue.

La marca personal de mi hermana es clara e imborrable. Además al ser ella la mayor y yo el menor de los hermanos siempre ha ejercido de segunda madre conmigo, cosa que se lo agradeceré toda la vida.

Otra forma de desconcertar positivamente al cliente es adelantándote a los problemas.

Te llenas de valor cuando le informas de posibles roturas de stock avisándole de que no le va a llegar toda la mercancía solicitada, y que sería una buena opción sustituirla por otra, o que el pedido se va a retrasar por cualquier motivo.

Estas pequeñas tomas de decisión, que no cuestan trabajo sino solo acción, hacen que te desmarques y mucho de la competencia.

Ese paso extra es muy valorado por las personas, por los clientes. Hacen que se queden satisfechos contigo y con tu servicio. Tienes que hacerles sentir que trabajando contigo va a sumar, que le aportas ese valor que es muchísimo más importante que el precio. Es decir, que les das más de lo que pagan y ellos saben que todas esas buenas acciones extra no tienen precio y te lo recompensarán siendo clientes leales.

Sorprender también es hablarle a tu cliente del consumidor. No centrar la conversación en él sino en el *shopper*. Esto sorprende y aporta muchísimo valor a la reunión comercial.

Háblale de las tendencias del mercado, de las tendencias de consumo, de que no es lo mismo consumidor que comprador.

Háblale de lo importante que es el *merchandising* en el punto de venta.

Háblale de que el 70% de la decisión de compra es dentro de la tienda.

Ya sabes, son detalles que te diferenciará de la competencia inclinando la balanza a tu favor.

En muchas ocasiones desconcierto a mis clientes hablándole de sus clientes. Intento persuadirlos dándole datos concretos de lo que demanda actualmente el consumidor. Si la propuesta es lógica y firme no dudan en darme más espacio en sus negocios para introducir nuevas referencias.

¡Sorprende y serás diferente!

Disruptivo.

¡Esta palabreja me encanta!

Debemos estar siempre en busca de nuevos productos, nuevos servicios o nuevas formas de relacionarnos con nuestros clientes.

La creatividad es básica para desmarcarnos de la competencia y que el cliente nos sienta como alguien diferente al resto.

Vuelvo a incidir que menos es más, y lo importante es tener una idea, ponerla en marcha, analizar resultados, solucionar problemas y tener motivación para lanzarla otra vez, pero mejorada.

Creatividad, enfoque y acción.

Hace unos días apareció en televisión una noticia que se hizo viral.

Se trataba de las empleadas de un bazar chino de las Palmas de Gran Canaria que idearon una acción para aumentar las ventas de su negocio.

Decidieron hacer un desfile de moda por los pasillos de la tienda probándose las prendas que allí vendían.

Por supuesto no contrataron a ninguna top-model, sino que fueron ellas mismas las que con mucho arte, no sólo desfilaban sino que describían todos los modelos y accesorios que iban luciendo. Colgaron sus videos en la red y la noticia apareció en todas las cadenas, a nivel nacional, consiguiendo un número de visualizaciones que no esperaban, al igual que unas ventas desmesuradas.

Eso es un ejemplo de disrupción al alcance de todos y con una gran diferencia: la acción.

Otra manera de ser muy creativo es trabajando a fondo el punto de venta. Por regla general se le dedica poco tiempo a esta labor. Con imaginación y poco material se consiguen activar las ventas de forma muy considerable.

Céntrate en montar cabeceras, pilas, exposiciones, y aprovecha todo el material PLV (publicidad lugar de venta) que tengas a tu alcance porque el retorno de esas acciones hace que tus resultados crezcan una barbaridad.

Calidad Pascual consiguió, hace dos años, el certificado de bienestar animal otorgado por AENOR. Se puso en marcha una grandísima campaña de comunicación y de despliegue de personal por los grandes hipermercados para, in situ, explicar al consumidor en qué consistía la misma.

Mi queridísimo compañero Riki (al que aprecio mucho y al que tengo tanto que agradecerle por ser una persona cercana e íntegra) y yo lo enfocamos de una manera diferente.

Decidimos hacerlo en supermercados de barrio y la experiencia fue buenísima. Tanto fue así que volvimos a repetirlo.

Otra forma de innovar es preguntando a tus clientes sobre los servicios o productos que necesitan. Incluso, puedes preguntarles porqué le compran a tu competencia y así obtendrás una información valiosísima para saber qué demanda el mercado.

La mayoría de los vendedores y emprendedores se centran en meterse en una batalla encarnizada con productos/servicios, que es más de lo mismo, en unos mercados extra saturados. Unos productos/servicios encomendados, básicamente, a la fuerza que tenga la marca personal del vendedor o al precio.

Si no aportas un plus más de valor, te será muy difícil venderlo y mantenerlo.

El producto también es el vendedor en sí, así que aprende a diferenciarte del resto puesto que es más sencillo ganar mercado gracias a tu actitud que a las cualidades de un nuevo producto/servicio que no sabes ni cuándo ni cómo serán.

Toda innovación que te venga dada desde tu empresa es bienvenida, pero céntrate en ser un vendedor disruptivo para ir dejando una huella imborrable.

Desde que nacemos estamos explorando cosas diferentes. Cuando crecemos nos cuesta más salir de la zona confortable. Los niños están continuamente inventando historias, para divertirse, fantasear y en esa creatividad hay que fijarse también.

En mis sobrinas tengo una fuente de creatividad infinita.

Ariadna y Araiz son ingeniosas como ellas solas. Siempre están organizando o inventando alguna "trastada". Con 11 y 7 años, respectivamente, están en edad de eso. Las queremos con locura y de ellas también aprendo.

Desde que nacemos vamos dejando huella y vamos forjando nuestra marca personal. Piensa en algún familiar tuyo y seguro que rápidamente se te viene a la mente una cualidad de él.

Esa es su marca personal.

Como vendedor debes tener detectadas tus fortalezas y apoyarte en ellas para crear la tuya profesional, que no distará mucho de tu marca personal como persona.

Personaliza tu jornada.

Es importantísimo que te sientas autónomo para gestionar tu día a día y conseguir optimizar, lo más importante que tenemos, el tiempo.

Personalizar la jornada te hará conseguir mejores resultados de una forma más eficiente.

Observo que algunos, más bien muchos vendedores quieren y pretenden que el cliente se adapte a su horario en vez de ser al contrario.

Ya te he comentado que ningún día me levanto a la misma hora. Aparte de romper con la rutina, me ayuda a conectar más y mejor con las necesidades del cliente.

Al cabo del día ocurren infinidad de situaciones que hacen que tengas que modificar tu rutina de visitas y adaptarte a la nueva situación.

Así que empieza por ser consciente de que hay una posibilidad muy alta de que tu horario de salida y llegada a casa pueda variar y así tendrás menos dolores de cabeza.

El novio de mi sobrina Eva lo tiene claro. Se llama Borja, es piloto, así que sabe cuándo sale, pero la hora de llegada puede variar según las circunstancias. Además quería nombrarlo porque cumple con algunas de las características de las que he hablado antes, siempre tiene una sonrisa en su boca y está dispuesto a ayudar en todo convirtiéndose en una de esas personas con una gran marca personal.

Ya sabes que no somos funcionarios. Ellos deben cumplir sus funciones, eficientemente, dentro del horario laboral que tienen estipulado.

Los vendedores debemos cumplir con nuestro objetivo de ventas y mi misión es que lo consigas en el menor tiempo posible.

Para ello debes aplicar la teoría del 80/20 y separar el grano de la paja.

No salgas a la calle sin haber trabajado, previamente, tu listado de clientes y visitas porque perderás eficacia en tu jornada.

En la simpleza está la clave.

Céntrate en focalizar en aquellos clientes que tienen recorrido, que tienen potencial y prioriza la visita en el horario más propicio para ese cliente y no en el más propicio para ti.

Esto deja huella y mucho.

Además, es importante empezar el día con un subidón de autoestima y eso se consigue vendiendo o ampliando gama en la primera visita.

Pues analiza incluso eso para decidir a qué clientes visitas primero.

¿Cuál es el cliente perfecto para hacerle una propuesta de tu nuevo producto? Sólo necesitas haber segmentado bien tus clientes el día anterior.

El resto de visitas y gestiones colócalas en ese horario donde las tareas roca, las tareas importantes no se pueden realizar. Cuando pones atención en adaptarte al horario de los clientes clave, verás como la negociación toma un color diferente porque te ven como un vendedor diferente al resto.

No tengas miedo en dar de baja a aquellos clientes que no te aportan nada o casi nada, para invertir tiempo en aquellos que son potenciales.

En muchas ocasiones, por el ritmo de la semana, no reparamos en seleccionar qué clientes deben pasar a no serlo.

Analiza uno a uno y verás como un tanto por ciento de ellos ya lo has trabajado a fondo y lo único que hacen es consumir el 80% de tu tiempo.

¿Qué puedo hacer por ti?

Suelo utilizar esta pregunta con mucha frecuencia y con aquellos clientes leales que confían plenamente en mí, puesto que necesito devolverle ese cariño dado.

A este tipo de clientes, que ya tienes muy desarrollados, debes preguntarles cómo podrías ayudarlos a mejorar sus resultados, porque cuando ellos mejoran, tus resultados lo hacen a la par.

Lo suelo emplear tanto en HORECA como en ALIMENTACIÓN. Todos los clientes necesitan que les echen una mano, te dediques al sector que te dediques.

También te comento que al principio se quedaban muy sorprendidos porque muy pocos vendedores les hacen este tipo de propuesta y alucinan cuando ven que es una proposición sincera y firme.

Debes llevarte este tipo de conversaciones a un terreno más neutral para darle un clima diferente a la reunión.

Yo suelo decirles que quiero tomarme un café con ellos en el momento que tengan menos estrés, que suele ser a primera hora de la tarde.

Pregúntales:

- Qué días tienen menos ventas.
- Qué franjas horarias quieran potenciar.
- Qué productos les rotan poco.
- Si les preocupa su ticket medio.
- Por su tráfico de clientes.
- Si quieren estar al día de las novedades.

Pregunta y vuelve a preguntar.

Y con todos los datos que te proporcionen ofrécele una solución a ese problema o debilidad.

También te recomiendo que te centres no en tu cliente, sino en el cliente de tu cliente.

Aporta valor a tu entrevista hablándole de sus consumidores y de lo que están demandando.

Dale información de los nuevos hábitos de consumo, de los nuevos canales de venta, de los nuevos productos saludables y funcionales y verás cómo creas un clima muy diferente a la mera visita comercial.

Seguro que tienes mucha información que él desconoce y le serás de gran ayuda.

Llevando a cabo estas acciones pasará de ser un cliente fiel a ser un colaborador tuyo.

Servicio, pero no servilismo.

Habrás observado que soy un defensor empedernido del servicio al prójimo, del servicio sin esperar nada a cambio, aunque en las ventas debemos recoger parte de lo que damos. Aún así sigo pensando que debemos dar bastante más de lo que recibimos.

En este apartado tengo que mencionar, para explicártelo, a mi hermano Juanri. Él es de esas personas con un afán de servir sin límites. Siempre está pendiente de que a ninguno nos falte nada y dispuesto a dar lo mejor de sí mismo. Por ello tiene la admiración de toda la familia y por supuesto dispuestos a ayudarle en cualquier cosa que nos pidiera. Sus hijos Alberto y Jaime se han empapado de ese afán servicial, así que ellos también están dispuestos a prestar ayuda desinteresadamente. Sin pedirlo tienen el amor de toda la familia y por supuesto el mío.

Cuando sirvas a los clientes de la misma forma que lo hace mi hermano con el resto de la familia, la recompensa te llegará seguro. No tengas la menor duda.

Hay que ser servicial, debes servir de una manera única, tener ese afán de solucionar los problemas de los demás, pero también hay que saber decir no y poner límites en las negociaciones como en todos los aspectos de la vida.

Seguro que tienes identificados, o se te vienen rápidamente a la cabeza aquellos clientes que piden mucho, que aprovechan su situación de superioridad o que se sienten dominantes o la autoridad.

Te tengo que decir que estos clientes, que te vienen de frente, son los que más me gustan y los que más te hacen crecer. Entiendo, perfectamente, que abrumen e intimiden con sus peticiones, porque yo las he sentido, pero con tablas y profesionalidad siempre llegarás a buen puerto con ellos.

De entrada te diré, que estos clientes están acostumbrados a la negociación diaria y lo llevan en su ADN. Es innato en ellos intentar forzar la situación hasta el límite, pero ahí está la clave. Ellos saben que todo tiene un extremo y cuando llegas a él, solo queda el abismo. Hay que poner límites, hay que saber decir no, argumentarlo y hay que servir, pero nunca con servilismo.

Tienes que complacer, orientar al cliente, desvivirte por ellos, pero sólo tú sabes dónde está el límite de tu trabajo y de tu profesionalidad.

Tienes que tener muy claro que si esos clientes te aprietan o te exigen más de la cuenta es porque eres importante para ellos, de lo contrario dejarían de trabajar contigo y ya está.

Siéntete importante cuando tienes que renegociar con ellos, analiza los problemas que tienen y dale tu mejor propuesta en forma de servicio y valor añadido. Si por cualquier motivo se rompe la negociación, debes quedarte tranquilo puesto que has trabajado de forma impecable y por desgracia en esto de las ventas no hay matrimonios vitalicios.

Los clientes que entran por los que van saliendo.

Esto es una regla, de primer curso de ventas, que debes tener muy clara.

Hay otra tipología de clientes que son muy exigentes y por cualquier descuido que hayas tenido, en el complejo proceso de ventas, no dudan en recriminártelo.

Esto te lo debes tomar como algo habitual, pero...

¡Cuidado cuando se convierte en costumbre!

Jamás intentes resolver un problema con este tipo de clientes por teléfono, email o muchísimo menos por whatsapp. Dile que lo vas a visitar esa tarde para aclarar lo sucedido y verás como la situación se solventa, simplemente, con tu presencia.

El motivo de esta relajación por parte del cliente es que al verte presencialmente reconoce que le importas, que te preocupas por él y no eres como otros vendedores que quizás dejarían pasar la situación para ver si con el tiempo se soluciona solo.

Ocuparse de los problemas en vez de preocuparse por ellos te hará ser un vendedor diferente y hará crecer tu marca personal.

Conecta hoy y mañana.

Las relaciones con los clientes son exactamente iguales que con nuestra pareja. Todos hemos cometido errores de relajarnos, de creernos que ya está todo hecho y luego nos llevamos sorpresas. Las flores hay que regarlas todos los días, al igual que hay que regar la relación con todos nuestros grupos de interés.

Cada visita, te la debes tomar como lo que es, una oportunidad única de ser diferente y de acrecentar tu marca personal con el cliente.

Hay que observarle y dirigirte a él/ella cada día de una forma diferente si él así lo necesita, porque los estados de ánimo en las personas cambian de un día para otro o en el mismo día.

Hay clientes muy chistosos que siempre están de guasa, pero eso no quiere decir que tengamos que entrar a visitarlo contando el último chiste de Jaimito.

Observa y luego actúa, porque esto te hará conectar en cada visita y no meter la pata.

¿Cuántas veces has llegado a un cliente leal y has notado que no es el día para hablarle de novedades?

Muchas, o por lo menos deberías haberlo detectado.

Observa antes de actuar.

Te puedes imaginar que estos años en mi ciudad, es muy recurrente hablar del Granada C.F. Pues no saco el tema a no ser que el cliente lo inicie, porque no sé en qué estado de ánimo se encuentra y porque mi visita será totalmente profesional si el cliente lo decide así.

No tropieces en este tipo de cosas tan básicas y empieces conversaciones que no son de venta porque le estás robando lo más importante que tiene el cliente, su tiempo.

Ya te he comentado, anteriormente, que es muy importante ser optimista y llegar a la visita sonriendo, pero si tu cliente no encuentra ese valor añadido con esa actitud, relaja un poco tu entusiasmo y sé un poco más formal aunque te cueste.

Primero hay que conectar para avanzar en el proceso de venta.

Hay personas que no llevan nada bien esas actitudes *"happy"*, porque son más serias. No pasa nada, no es nada malo. Simplemente observa y actúa con coherencia.

Deberías buscar no solo compradores sino clientes. Clientes que repitan constantemente la compra.

Ya sabes que es muy difícil conseguir un cliente y muy fácil perderlo. Y si se pierde que no sea por un error de este tipo. No te creas que conoces al cliente y observarlo en cada visita.

Conecta hoy, mañana y tantas veces como vayas a visitarlo.

Hay que conectar con el prospecto desde el primer instante y todo influye, hasta la forma de vestir.

Cuando yo entré en Calidad Pascual, los vendedores íbamos con traje y corbata. Así se vestía desde hacía muchos años, pero hace ya un tiempo se dieron cuenta del rechazo que eso generaba en los clientes.

Un valor fundamental en la empresa es la CERCANÍA, para relacionarnos con todos nuestros grupos de interés, así que se decidió no utilizar, como norma, traje y corbata para las visitas a los clientes.

Creo que es acertado y depende, también, de la persona con la que te vayas a entrevistar.

Siempre me visto con ropa que me vea bien, pero dependiendo de la zona a visitar y tipología de clientes, utilizo una vestimenta u otra para concordar más y mejor con ellos.

Tienes que ir arreglado, pero no es un pase de modelos.

Bajo mi punto de vista, veo vendedores que pecan tanto por defecto como por exceso y supongo que el cliente lo percibirá como yo.

Como ves, todo es importante para conectar con el cliente, no lo olvides.

Tu mejor versión.

¿Cuándo tienes que dar tu mejor versión?

Sin lugar a dudas, SIEMPRE.

Los tiempos han cambiado, los mercados están saturados, el cliente o consumidor está cada vez más informado y es más exigente.

Internet ha mutado las reglas del juego y no puedes perder de vista a la inteligencia artificial aplicada a las ventas.

En algunos sectores, como en la formación de cursos *online,* ya está muy avanzada. El *big data,* la robótica y la realidad virtual están pidiendo paso. El *marketing* para móviles está revolucionando la forma de dirigirnos al cliente.

Recuerda que desde el 2015 usamos más el *smathphone* que el ordenador personal. El *marketing* digital también aporta a las *apps* una forma directa de llegar al cliente con las notificaciones *push.*

Todo está cambiando a la velocidad de la luz.

Por estos motivos debes dar tu mejor versión todos los días.

Esto lo conseguirás revisando continuamente tus planes de acción, rectificando de forma hábil y rápida para ponerte en marcha antes que la competencia, incluso antes que las tendencias del mercado.

Recuerda que tus resultados son acordes al método que estás utilizando. Si no son adecuados debes cambiar tu plan de acción.

Para reforzarte en tus virtudes, piensa en alguna gesta que conseguiste y regocíjate positivamente en ella.

Tu cliente te puede ayudar mucho con esto.

Pregúntale porqué te compra y después pregúntale porqué compra a tu competencia.

Te dirá los motivos por los cuales lo hace y debes ser muy ágil para adaptarte a la situación y aprovechar esa valiosa información para transformarla en forma de oportunidad de negocio.

Hoy día, un valor añadido por todos los clientes, es la autoridad que te da el conocimiento de una materia y la innovación permanente. Estas dos palancas son esenciales.

En estos tiempos aguerridos, en este territorio comanche en el que nos movemos, debes trabajar de forma diferente apoyándote en aquello que te apasiona y eres bueno.

Trabajando sobre esos pilares y sin olvidar el esfuerzo diario, el éxito lo tienes garantizado.

Al igual que debes preguntarle y escuchar a tu cliente, también le aportas un plus a tu visita y le das valor si le cuentas historias de éxito que has tenido con otros clientes y que él podría desarrollar en su negocio.

Estas *storytelling* pretenden llegar a seducir al cliente a través de las emociones, por lo que debes buscar un ambiente distendido para ellas.

Nunca las introduzco en la visita habitual sino que quedo con los clientes en el horario que ellos estén más relajados para darle importancia a lo que vamos a tratar.

Ten en cuenta que darle esa información sobre un producto o servicio de su sector que ya está funcionando tiene muchísimo valor.

Así que enfócalo bien para darle la importancia que se merece porque no es una información baladí.

Esto siempre ha funcionado y siempre funcionará.

Cuando trabajaba en Editorial Planeta, la compañía lanzó una obra de Andalucía en formato papel y audiovisual. Entre todos los compañeros creamos una *storytelling* para la presentación de la misma aportando datos reales y técnicos de la colección.

En esa historia era importante contar que unos profesionales de imagen y sonido habían ido grabando imágenes por toda la geografía de la comunidad autónoma andaluza. Ahí se contaban las características del producto.

Pero lo que decantaba la venta era cuando nuestra *stoytelling* se centraba en los beneficios. Contábamos la utilidad que le había dado otro cliente (en este caso, otro colegio) o el uso de algún ayuntamiento para su biblioteca.

Es cierto que a todos nos relaja saber que si adquieres cualquier servicio o producto vas a tener un beneficio y una ventaja que ya está testada por un igual. Así que aprovecha tu virtud de contar historias positivas de éxito.

También es fundamental contar historias sobre tu producto/servicio porque los clientes/consumidores compramos por emociones que luego intentamos justificar con la razón.

Para llegar a las emociones, qué mejor que envolver tu producto con una historia real y bonita de cómo se gestó dicho artículo o los estupendos resultados que está dando en el sector.

Cuéntale a tu cliente una anécdota interesante de lo que quieres ofrecerle y verás como captas toda su atención. Los beneficios y las ventajas contadas de esta forma te harán conectar con él/ella de una manera única.

Cuenta beneficios y no recites características.

Debes tener claro que todos los sistemas de trabajo tienen los resultados justos acordes al mismo. Es decir, si estás teniendo unos resultados mediocres es porque tu sistema es mediocre. Si sigues usando el mismo, la corriente te quitará del medio más pronto que tarde.

Para dar tu mejor versión tienes que revisar constantemente tus planes de acción y modificarlos para alcanzar ser un vendedor de alto rendimiento.

Otro aspecto fundamental es tener un plan de contingencia, básico y primordial para conseguir tu mejor versión.

Las grandes empresas tienen plan B, incluso C, D o los que sean necesarios abarcando todas las casuísticas por extraterrestres que parezcan a priori.

Tú, como vendedor, debes tener como mínimo un plan B para rectificar sobre la marcha si el plan inicial se desvía.

Vendas en el sector que vendas tienes que tener un plan de contingencia. Yo modifico el plan de acción después de testarlo en dos visitas, si no tienen los resultados esperados lo cambio por el siguiente que tengo previsto.

Cada sector tendrá su casuística y no se ven los resultados a tan corto plazo, pero tienes que ser consciente de que tienes que tener una alternativa prevista.

Ya sabes que actualmente en el mundo de las ventas lo único que tenemos seguro es el cambio.

Especialista.

En mi familia cuando queremos asesoramiento en temas legales, administrativos, financieros etc., recurrimos a mi hermano mayor Ramón. No sólo porque es abogado sino porque tiene la capacidad de darnos magníficos consejos, de orientarnos en todo lo que le pedimos. Todos lo tenemos identificado con esa marca personal de consejero familiar. Esto se consigue gracias a la honestidad, a la integridad y a un sentido común llevado a su máxima expresión. De él aprendo cada vez que estamos juntos porque es una biblioteca andante.

Deberías especializarte por muchos motivos, pero hay dos fundamentales:

1. Tu cliente debe sentir que eres la persona adecuada para solucionarle cualquier duda que tenga con respecto a tu servicio/producto. Te tiene que ver como ese especialista que domina a la perfección todas las características, beneficios y ventajas de lo que estás vendiendo.

   Esto te da un valor incalculable porque la resolución de dudas o problemas de forma profesional y eficiente son uno de los motivos de compra más importantes para cualquier consumidor.
   Esa seguridad que trasladas al prospecto es esencial para decantar a tu favor tu propuesta, incluso por encima de la moda, el interés o la comodidad. Esa propuesta de valor te hará afianzarte el cliente y el precio pasará a ser totalmente secundario, además de ponerle las cosas más difíciles a la competencia.
   Esa especialización pasa por la autoformación, haciendo uso de la multitud de opciones gratuitas que existen.

2. Tienes que ser especialista y no generalista.
   Menos es más y tu marca personal pasa por enfocarte en ser el mejor en pocas cosas.
   Define cuáles son los productos o servicios de tu portfolio que te apasionan y especialízate en ellos para transmitirlo a tu cliente.
   Esto es fundamental para la captación del cliente y posteriormente ya desarrollarás tu catálogo cuando tengáis una relación creada en la confianza.

   Seguramente conocerás la vida de Steve Jobs, y uno de los secretos de su éxito fue enfocarse en pocos productos y convertirlos en los mejores del mercado.
   Si eres especialista en aquello que te gusta, que sientes que es diferente y que te apasiona, no tendrás ningún problema en conectar con el cliente.

Especializarse y ser consciente de que cada vez hay que estar más formado en los productos/servicios que ofreces es básico para afrontar con garantía de éxito todo lo que te propongas.

Líder.

Observo que hay vendedores con una habilidad desmesurada en desviar las tareas a otros departamentos. Es un error de bulto hacerle saber al cliente que esa tarea no depende de ti.

Tienes que ser un vendedor 360º e intentar cubrir todas sus necesidades y solo pedir ayuda cuando la solución no esté, realmente, a tu alcance.

Ese poder que te da el conocimiento trasversal de tu empresa ante tu cliente te hará marcar la diferencia y que te vean como un vendedor que les aporta valor.

De esta forma liderarás tu trabajo, el cliente lo percibirá y tus superiores lo valorarán.

Crucial es, también, comportarte como un líder con tus compañeros y resto de departamentos. Es fundamental adquirir competencias horizontales para poder ayudar y entender al resto del equipo y así hacer más fuerte la cadena de valor de tu empresa.

Debes ser un líder empoderado para influir en tus compañeros de forma positiva. Esto se consigue tendiendo la mano y siendo proactivo. Que te vean y seas un trabajador excelente que siempre das un extra en todas tus funciones, que siempre estás al frente para resolver conflictos internos y con los clientes, que lideras el grupo con tu actitud y propuestas innovadoras.

Para ser líder no tienes porque tener personas a tu cargo. El líder influye y mucho en todos los grupos de interés con los que se relaciona. Liderando en tu puesto te convertirás en un vendedor clave para tu empresa, pero lo más importante es que te convertirás en un vendedor clave para tus clientes.

Ya te he contado que trabajé mucho tiempo en la hostelería y sobre todo en la noche granadina. Primero para conseguir un dinero fácil y después de forma profesional. Los veranos de los años 1999 al 2003, me trasladaba a Almería para trabajar en la zona de marcha nocturna, concretamente al Puerto Deportivo de Aguadulce.

En el grupo hostelero de ocio nocturno que más trabajé, tenían una estructura empresarial totalmente organizada y ajustada a sus necesidades.

Estaba la propiedad (eran tres socios); estaba el CEO (encargado general de todas las salas y mano derecha de la propiedad) y estaban los delegados (encargados de cada sala) que dirigían el personal de cada discoteca. Cada encargado de sala, a su vez delegaba en un responsable de barra (el cual coordinaba a sus camareros); en un responsable de seguridad (coordinaba a los porteros y seguridad de sala); en un responsable de limpieza (coordinaba a sus compañeros); en un responsable de publicidad (coordinaba a los relaciones públicas) y en un responsable de apoyo a las barras y recoge vasos (con sus ayudantes). Por libre iban los Djs que ya sabes son los "crack" de las discotecas y de ellos depende una parte fundamental de que la jornada sea un éxito. Si perciben la música exacta que deben poner en cada momento, la sala hierve, pero si se equivocan la muchedumbre puede hacer "un Billie Jean" y dejarte la sala desierta.

Con esta variedad de perfiles y egos tenía que lidiar cada noche el encargado de la sala. Trabajábamos más de 40 personas cada día y casi todos de forma muy profesional, pero había una persona que hacía las cosas con tal excelencia que nos tenía enamorados a todos.

No se trata de la importancia, relativa, de tu puesto porque cada tarea es importante en una empresa, para que la cadena de valor sea sólida. Todos dependemos de los compañeros y no hay tareas grandes o pequeñas. Hay profesionales pequeños, grandes, excelentes y algunos genios por ahí sueltos.

Lo importante es saber tu rol en la empresa para tener claro tu desempeño laboral. Lo importante en cualquier puesto, es hacer de forma excelente tu trabajo y ahí es donde quiero hablarte de Joaquín Navarro Ureña.

Joaquín era el responsable de los recoge vasos y apoyo a los camareros. Siempre han sido chicos muy jóvenes los que se encargaban de esta función y muchos de ellos tenían la aspiración de pasar a la barra en un futuro. Realizaban su trabajo de manera profesional, pero sin más. Hasta que conocí a Joaquín. Un profesional como nunca había visto, ayudando a sus compañeros, dándole buenos consejos, atento a todo lo que necesitábamos los camareros. Era una joya, bueno sigue siéndolo pero ahora en el diseño gráfico.

Joaquín es el ejemplo claro de lo que es un líder empoderado cuando a priori no era el puesto más emblemático de la estructura o el que conllevase más responsabilidad, o quizás sí. Todo depende de la pasión que le pongas a tu tarea.

Cuando empezaba a llenarse el local, imagínate un mes de Agosto en Aguadulce, miraba hacia atrás y cuando veía que esa noche era Joaquín el apoyo de mi barra, todo fluía automáticamente. No faltaba hielo en las cubiteras, las cajas de botellines vacíos desaparecían como por arte de magia, los vasos siempre limpios debajo de la barra, sacaba el trabajo de tres personas, él solito.

Ser líder no tiene nada que ver con tu cargo o tu responsabilidad.

En toda estructura empresarial todas las funciones son importantes y el que realice su tarea de forma excelente y brillante será un líder como Joaquín.

Multimarca personal.

¿Te imaginas dos o tres Aquiles?

Sigo preguntando:

¿Tienes que focalizar en crearte una marca personal?

¿Es suficiente sólo con una?

¿Puedes conseguir tener multimarca personal?

Reflexiona sobre ello.

Todos, absolutamente todos, tenemos una marca personal, la cual es nuestra seña de identidad para los grupos de interés con los cuales estamos interactuando.

Es ese valor añadido, ese valor atribuido, ese valor percibido por los demás que nos hemos ganado a base de esfuerzo, potenciando nuestros talentos y pasiones.

Como vendedor, sabes que no puedes ser generalista sino especialista.

Tienes que ir un poco más allá para crearte una marca personal, por la que fácilmente tus clientes capten tu propuesta de valor, tu valor real y tu valor percibido, es decir, lo que tú argumentas de tu propuesta, la parte tangible de esa propuesta y la percepción que el cliente tiene de lo que ofreces.

Tener marca personal, como vendedor, ya es un objetivo, altamente ambicioso, pero debes aspirar a más.

La mejor marca personal es especializarte en servir a lo grande y en realizar las pequeñas tareas de forma excelente.

Si eres capaz de interiorizar este consejo y llevarlo a cabo, te convertirás en un vendedor referente para todas las personas que te rodean, clientes incluidos.

Cada vendedor tiene que afianzarse en sus valores y fortalezas para crearse su propia marca. Debes saber qué es lo que te apasiona para poder definir cuál va a ser tu propuesta de valor, para diferenciarte de la competencia.

Esto se proyecta y el cliente lo percibe, pero...

¿Serías capaz de tener distintas marcas personales?

¿Podrías proyectar distintas propuestas de valor?

Creo que, de manera inconsciente, ya lo estás haciendo.

Tienes que ser versátil, pero siempre pivotando sobre tus fortalezas, habilidades, conocimientos, pasiones y valores para llegar a los clientes con una marca personal diferente.

De entrada, ellos ya lo perciben así.

Ellos te ven como el puntual, como el que nunca le falla, como el que le soluciona los problemas, como el que le aporta información importante, etc.

O como todo lo contrario.

Depende de lo que quieras proyectar.

Cada persona valora más unas propuestas que otras, por lo tanto, cada cliente necesita solucionar sus miedos, inquietudes o problemas de una forma diferente.

Para saber cuál de tus marcas personales vas a poner sobre la mesa en la siguiente visita, es fundamental un trabajo previo.

Ese trabajo consiste en analizar y encasillar a tus clientes.

Deberías tener una segmentación de tus clientes o del universo de clientes que trabajes en tu sector y mercado.

Como siempre, las preguntas inteligentes y la escucha son fundamentales para detectar las posibles soluciones que necesita tu interlocutor. Por lo tanto, cuando lo escuches activamente debes averiguar cuál o cuáles son sus necesidades y adaptar tu propuesta de valor a ellas.

Ya sabrás qué es lo que más valora y a lo que le da más importancia.

Tienes que tener mucha cintura y poner el foco en el cliente y darle una propuesta, totalmente personalizada.

Si la propuesta es igual para todos, tendrás una marca personal nítida y potente, pero con menos posibilidad de éxito que si tienes MULTIMARCA.

Debes dividir tu propuesta tantas veces como valores personales y profesionales tengas. Estos serán tu punto de partida para esa diferenciación tan necesaria.

Hay propuestas de valor ganadoras cimentadas en la innovación, pero no todas las personas lo perciben así.

Un mismo cliente, dependiendo de su circunstancia, prefiere en un momento determinado una propuesta basada en la cercanía y en otra ocasión, le puede solucionar un problema la propuesta basada en la calidad.

Sabiéndote mover ágilmente dependiendo de cada persona, mercado, producto o circunstancia, tienes el éxito asegurado.

Las motivaciones de compra son varias. Moda, interés, comodidad, afecto, seguridad y orgullo son las más habituales.

¿Cómo saber cuál mueve a tu cliente? Muy sencillo.

Hablando con él y escuchándolo.

Ten en cuenta, también, que esas motivaciones fluctúan en ocasiones dentro del mismo cliente.

Unas veces compramos influenciados más por la emoción y en otras dándole más importancia a nuestro raciocinio. Esto depende de muchas variables.

Marca o multimarca personal no es lo importante.

Lo crucial es que seas diferente, que seas genuino, que seas un excelente profesional y que seas "El Aquiles" de tu producto/servicio.

12

Claro que el NO es personal

Pretendo llevarte a una reflexión con este capítulo, y que seas tú quien saque la conclusión de si el NO es sólo y exclusivamente al producto o servicio que ofreces, y nunca a ti como persona.

Habrás escuchado o leído que nunca debemos tomarnos el NO como algo personal. Que el cliente no te está diciendo NO a ti. Que ese NO es al servicio o producto que intentas vender.

Pues bajo mi humilde punto de vista, como siempre, y mi experiencia de 20 años de vendedor en primera línea de batalla, te digo que algunos NOES son directamente a ti como PERSONA.

Claro que te dicen NO a ti y claro que es personal. Cuanto antes seas consciente de esto, antes podrás mejorar esta faceta tan importante y crucial en el proceso de venta.

No se puede argumentar una cosa y la contraria. Si decimos que no hay una segunda oportunidad de crear una buena primera impresión, es porque es de importancia capital conectar con el prospecto desde el minuto cero. Debemos generar esa mínima confianza básica en el primer escalón del proceso de ventas, que nos da la oportunidad de llegar al segundo.

Si eso lo hacemos mal, es casi imposible conseguir nuestro propósito. Ya no sólo en las ventas, sino también en la vida personal.

Ya sabes que ambas facetas recorren mucho camino juntas y están estrechamente relacionadas.

En sectores donde el cara a cara con el prospecto o el cliente es el canal habitual de la venta, es necesario conectar desde antes, incluso, de la visita.

Ten en cuenta que el sector de comercializar productos al por menor, con predominio en productos alimenticios, bebidas, tabaco, etc., es el más importante en España, en cuanto a facturación.

En él hay muchos puestos de trabajo, muchas posibilidades de negocio, de emprendimiento y de desarrollo profesional.

A este sector me dedico yo, y te puedo asegurar que muchos vendedores reciben un NO como una casa de grande a él personalmente.

En el mercado de gran consumo, los vendedores adquirimos una relación muy estrecha con los clientes, y sobre todo con aquellos con los que hay un *feeling* especial desde el primer momento.

Visitas semanales que también se convierten en desayunos más distendidos charlando con ellos.

En estos momentos, si callas y escuchas, el cliente te cuenta cosas, que de otra manera, hubiese sido muy complicado averiguarlas.

Escuchas conversaciones con su pareja, con sus empleados, con el vendedor que llega, con el proveedor que lo llama por teléfono, o si tienes mucha confianza con él, te cuenta todos sus dolores de cabeza a ti directamente.

Averiguas qué empresa ha dejado de suministrarle porque el vendedor lo ha tratado con arrogancia o con malas formas.

Esto es totalmente personal. No tiene nada que ver el producto que vendas porque el cliente ya sabía sus características, beneficios y ventajas, pero ha dejado la relación contractual con esa empresa por culpa del vendedor.

Ten esto muy claro.

Más del 65% de la pérdida de clientes es por haber tenido una mala experiencia en el trato con algún miembro de tu compañía, tú incluido.

Solamente siendo buena persona tienes el tapón de la bañera siempre puesto para que la fuga de clientes sea mínima. Eso influye más que tus habilidades de vendedor.

Ese NO personal, obviamente, no quiere decir que el cliente le desea algo malo al "Pedro Hispán" de turno, pero no compra más a esa empresa por culpa de ese vendedor.

Y no te hablo de casos puntuales, es más frecuente de lo que te puedes imaginar. Por eso hay que cuidar todos los pequeños detalles desde el primer momento.

¿Cuántas veces has escuchado a un familiar decir que no compra en esa frutería porque el dueño es muy antipático?

Y puede ser que tenga buen producto y buen precio, pero el cliente/consumidor necesita más para darte su confianza.

El tándem vendedor y persona es indivisible.

A los humanos nos gusta relacionarnos con personas agradables y con buenos sentimientos.

Si eres un "malafollá" (expresión muy típica en "Graná") te será muchísimo más complicado ser un buen vendedor. Si tienes mal genio en tu vida personal, mucho me extrañaría que no lo proyectases cuando estás trabajando.

Las personas que no tienen la suficiente inteligencia intrapersonal para gestionar sus estados de ánimo y tampoco tienen la suficiente inteligencia interpersonal para saber relacionarse con sus iguales, lo tendrán muy complicado en la profesión de las ventas.

Cuando tu objetivo es servir a los demás, eso se percibe como una marca personal genuina.

¿Cuántos clientes te dicen que si mañana vendieras otro producto lo compraría? ¿Qué si cambiaras de compañía te seguirían comprando? Bueno...luego habría que verlo, pero de entrada es un pedazo de piropo a ti, como persona.

Claro que vendes por tu cara bonita, por supuesto que sí.

Te compran por afinidad, porque conectas con ellos, porque las ventas son relaciones sociales, relaciones personales y por tanto quien entiende esto y lo desarrolla a la perfección será un vendedor exitoso.

Tenemos que relacionarnos con nuestros clientes al igual que lo hacemos con nuestros familiares y amigos, con total naturalidad, educación, cortesía y con pasión por servirles.

Si por el contrario entras con mal pie en el proceso de venta, te será muy difícil avanzar en esa relación.

A lo mejor tenéis una aventura veraniega, pero la venta no se trata de un aquí te pillo aquí te mato, se trata de establecer relaciones duraderas, exitosas para ambas partes, y que de esas relaciones salgan otras gracias a ese SÍ totalmente personal que te has ganado día a día.

Es muy sencillo recibir un SÍ a ti como persona y, también, muy fácil recibir un NO como vendedor de un producto o servicio.

Para poder llegar al prospecto y que te diga NO o SÍ a tu propuesta comercial, primero tienes que evitar el NO personal.

Si tienes la posibilidad de llegar al cierre, ese NO es al producto, pero si no has llegado ni a la fase de presentación del mismo, puede ser porque has fallado en concordar con la persona, en concordar con el cliente.

La sonrisa, la educación y el sentido común son armas infalibles.

Una sonrisa sincera derriba cualquier muro. Visita a tus clientes con ilusión y pasión. Eso les despertará interés por saber más de ti y se relajarán.

La educación en el trato nos gusta a todos y hace que el prospecto se decante por ti en ofertas similares.

El sentido común de saber si es o no el momento de hablar de venta o solamente presentarte es fundamental.

Ya sabes, que con algunas personas, hay una complicidad desde el mismo instante de conocerlas y sin embargo, con otras, no pillas el paso ni con una banda de música detrás.

Debes ser consciente de que esto mismo pasa con los clientes.

Es fundamental una buena utilización del lenguaje corporal, de la escucha activa, de hablar la mitad de lo que escuches, con honestidad, con una sonrisa sincera, etc.

Todo esto te ayudará a tener la oportunidad de que el prospecto te diga NO o SÍ a tu servicio o producto.

Si esto no lo trabajas bien el NO lo tendrás asegurado y será a ti directamente.

13

El vendedor nace

Rotundamente, el vendedor nace. Cada cual puede pensar y argumentar esto o lo contrario, pero yo estoy totalmente convencido de que somos vendedores desde que nacemos.

Una de las principales misiones que tenemos en la vida es definir cuál será nuestra profesión. Detectar cuál es tu vocación y además poder ganar dinero ejerciéndola, es una auténtica fortuna.

Hay que acertar, a ser posible más pronto que tarde, porque dedicamos gran parte de nuestro tiempo a nuestra vida laboral.

Siempre he admirado a las personas que desde muy pequeñas tienen claro su objetivo en la vida. Tienen totalmente definida su pasión y se ponen en marcha para conseguir dedicarse a ella. Tienen su vocación totalmente definida desde que nacen.

Por regla general, todas esas personas son exitosas, profesionalmente, porque sus habilidades son idóneas para el trabajo que desempeñan.

Si tienes la capacidad de unir aquello que se te da bien con aquello que te apasiona, tendrás un futuro exitoso, siempre que no olvides los buenos hábitos y la disciplina.

Desde un punto de vista filosófico, creo que las personas venimos a este mundo con un fin ya predefinido, incluso algunos argumentan que tenemos fecha de caducidad.

Sin entrar muy en profundidad en este tema, sí creo que todos nacemos con un "toque", con un don, con un talento predeterminado y el que es capaz de encontrarlo pronto, tiene muchísimo avanzado.

Aún así, no por tener un don y encontrarlo quiere decir que las cosas te vayan a venir dadas. Además debes tener constancia, crear unas rutinas, unos buenos hábitos, practicar el esfuerzo diario,... Y así estoy completamente seguro que llegarás a ser lo que tú quieras.

Se tienen que dar todos esos factores: vocación, pasión, disciplina y esfuerzo.

Ejemplos te puedo poner miles, pero valgan los siguientes aunque sean muy extremos:

¿Messi está tocado por la varita mágica de un ser superior o no? Yo creo que sí. Desde muy pequeño le apasionaba el fútbol y además es disciplinado.

Pues, ¡TACHÁN! El mejor jugador de la historia.

¿Ronaldhino, tocado por la varita celestial?

Claro que sí. Le apasionaba el fútbol, pero también otras cosas que no le dejaban enfocarse. Le faltó disciplina. Si este señor se hubiese centrado sólo en el fútbol y se hubiese entrenado con constancia estaríamos hablando de otro Messi.

Aunque te estoy poniendo ejemplos del Barcelona, tengo que aclarar que soy del Granada C.F. y recientemente hemos vivido en el estadio Nuevo Los Cármenes, un día histórico, eliminando al Valencia C.F y pasando, 50 años después, a semifinales de la Copa del Rey.

¿Hay futbolistas del Granada disciplinados y apasionados de este deporte?

Diría que toda la plantilla.

¿Por qué no llegan a ser estrellas mundiales? Porque ese Olimpo está reservado para, sólo, unos cuantos deportistas que reúnen las tres cualidades principales: don, pasión y disciplina.

Mis queridísimos jugadores del Granada, con muchísima pasión y trabajo consiguen competir a un nivel alto, pero nunca llegarán a tener ese nivel de excelencia porque eso está predestinado para un número determinado de personas.

También hay jugadores que tienen ese regalo divino y son constantes en el trabajo, pero no les gusta el fútbol.

¿Qué sucede en estos casos?

Pues que desempeñan su trabajo con profesionalidad, pero tampoco llegarán a la excelencia y mucho menos a la genialidad.

Hay muchos futbolistas famosos que han reconocido que el fútbol es una mera forma de ganarse la vida.

Quien más cerca esté del 10 en cada una de estas tres cuestiones, mejor jugador será y más tiempo estará en la élite del fútbol.

Todo esto es extrapolable a cualquier profesión y en concreto, a la nuestra como vendedores.

Si naces con habilidades innatas para las ventas, te apasionan las personas y además eres constante y disciplinado, que no te quepa la menor duda de que serás un vendedor de altísimo rendimiento.

No sé si llegarás a ser Steve Jobs o el Lobo de Wall Street, pero seguro que tendrás una vida profesional repleta de éxito.

Por supuesto que hay vendedores muy válidos que no tienen esas habilidades innatas, pero con formación y esfuerzo conseguirán dedicarse muy satisfactoriamente a esta profesión.

Ese *feeling,* ese arte o ese *swing,* se tiene o no se tiene.

Se puede trabajar para conseguirlo, pero nunca se llegará al nivel de los que lo traen de serie.

La inteligencia interpersonal se puede trabajar para mejorarla, pero hay personas que la traen desarrollada al 100% desde su nacimiento.

¿Has conocido alguna vez a alguien que desde el principio te atrae por su don de gentes?

Percibes que tiene "un algo especial", un imán que te atrapa.

Eso me pasó a mí con mi amigo Vicente Saucedo. Su carisma te envuelve desde el primer momento que lo conoces por su gran habilidad para relacionarse con los demás.

Estas personas tienen mucho ganado en las relaciones personales. Comienzan desde una posición más adelantada al resto.

Cualquier persona que decida dedicarse a la profesión que sea, con sacrificio, constancia, esfuerzo y pasión tendrá muy buenos resultados y será un magnífico profesional. Pero ese plus que tienen los profesionales que destacan muy por encima de la media, es gracias a haber tenido la fortuna de encontrar la profesión acorde a sus habilidades, acordes a ese talento innato.

Todos tenemos un talento innato.

¡Búscalo!

Nunca es tarde para nada.

Tu GPS vital debe estar siempre activo para recalcular la ruta de tu objetivo. Tiene que detectar si la visión de vida que te has marcado es la que realmente te apasiona y si tienes las habilidades concretas para ella.

Es sencillo de detectar si lo que estás haciendo es por vocación o por mera forma de ganarte el salario.

Hay muchas teorías al respecto, pero voy a darte un consejo.

Te invito a que hagas esta reflexión.

¿Vas contento al trabajo?

Si tu respuesta es no, ahí tienes una señal de que algo va mal.

Explora otros sectores o profesiones para dar con el que realmente encaja contigo.

No es fácil, pero debes dedicarte a lo que te hace feliz y te motiva.

Esto es de vital importancia porque de lo contrario serás una de esas personas grises que pululan por este mundo sin ton ni son, sin gracia y sin pasión.

Los vendedores debemos reflexionar, sobre todo si los resultados no acompañan, si estamos en el sector donde nos sentimos cómodos o en la empresa que concuerda con nuestros valores.

Ya te he contado que he pasado por distintas empresas, distintos sectores y hasta llegar a mi actual empresa, siempre tenía esa sensación de provisionalidad. De que no era mi sitio, de que pronto se acabaría.

Esto es importantísimo detectarlo porque de no ser así, el cliente lo percibirá y también tus seres queridos.

Actualmente, y ya van más de 10 años en mi actual empresa, me siento feliz, me encantan los lunes, disfruto con las visitas, disfruto con los mini retos diarios.

Creo que todo esto no ha sido por casualidad.

He dejado empleos, en otros no me han renovado, otros han llegado a su fin de ciclo. Lo normal para cualquier trabajador.

Así que si no estás siendo feliz con tu actual sector o profesión, por favor, ¡piénsalo y cambia!

Nacemos predestinados para ser mejores en unas cosas que en otras.

Sólo reflexiona y piensa en aquello que te gusta hacer.

Dedícate a ello y no volverás a trabajar en toda tu vida.

14

"Yo soy yo y mi circunstancia"

Dijo Ortega y Gasset:

"Yo soy yo y mi circunstancia, y si no la salvo a ella no me salvo yo".

Creo, sin lugar a dudas, que estamos influenciados por todo lo que nos rodea, por todo lo vivido, por las circunstancias que cada persona ha tenido en su vida, buenas, malas, positivas y negativas.

Hay que saber gestionar y digerir emocionalmente las circunstancias menos favorables para que afecten lo menos posible. Es decir, conseguir a lo largo de nuestra vida aumentar nuestro nivel de resiliencia.

Estamos hechos de pedacitos de todo lo que vamos absorbiendo en la vida y de las personas que más nos han ido influyendo.

He tenido la suerte de tener una vida sin grandes dramas en lo personal y sin grandes decepciones en lo profesional. Pero sí con distintas etapas complicadas donde hay que tener bien amueblada la cabeza y sacar conclusiones positivas de las caídas.

Ahora, viéndolo con perspectiva, soy consciente de que se aprende mucho de los éxitos, pero aún más de los fracasos.

Saber levantarte con más fuerza es lo que te hace fuerte para afrontar con garantía de triunfo todos los obstáculos que nos encontramos como vendedores, pero también como personas.

Errores cometemos a diario. Es necesario analizarlos para volver a elegir el mejor plan de acción e intentar no tropezar muchas veces con la misma piedra.

Somos conscientes de nuestros errores y de que vivimos con el NO constante, pero nuestro objetivo es conseguir el SÍ lo antes posible.

De todas esas experiencias positivas y negativas forjamos nuestra personalidad que se ve reflejada en nuestras características como vendedor.

Mis rasgos personales y profesionales vienen marcados por muchas personas.

Mis antiguos compañeros de Editorial Planeta tienen mucha culpa, puesto que de cada uno de ellos guardo una cualidad. Todos me han influido profesional y personalmente. De todos he intentado absorber su seña de identidad, es decir, su marca personal, o por lo menos la que yo percibo.

Tú seguro que tienes alguna habilidad que has adoptado de alguno de tus compañeros.

Así que de ellos me quedo con la educación de Andrés, la confianza en sí mismo de Alberto Alburquerque, la autonomía de Luis, el cariño de Ángel, la ilusión de Javier San Blas, la intuición de Nico Bianchi, la constancia de Gilabert, la tenacidad de Javi Molina, y tanto y tantos más que han aportado algo por ser magníficos profesionales y personas.

También quiero tener un agradecimiento hacia mi amigo, compañero y antiguo superior Riki, al que ya he nombrado anteriormente. Su forma de ser ha sido inspiradora para mí en lo que respecta a tener una auténtica orientación hacia el cliente. Al resto de compañeros de Calidad Pascual, les debo muchísimo. Me fijo constantemente en ellos y aprendo más a cómo ser mejor vendedor y mejor persona.

De ellos me quedo con el liderazgo de Juan Pedro, la eficacia de Diego, la mano izquierda de Pepe, el entusiasmo del Comandante, la constancia de Esther, la serenidad de Amancio, la perspicacia de Roberto, la reflexión de mi Manolillo Montoro, el esfuerzo de Juanma y la rectitud de Antonio Pérez.

Lo ideal sería poder tener cada una de esas cualidades dentro de mí, aunque eso es casi inalcanzable.

También nuestro carácter viene marcado por todas las personas que han sido importantes en nuestra vida. De ellas debes recoger las partes más positivas y adaptarlas en pos de remodelar tus habilidades, conocimientos y actitudes.

Si te paras a pensarlo seguro que encuentras características de tu personalidad que son de serie, por lo tanto heredadas, y otras que son idénticas a alguna persona influyente en tu vida.

Hay pocas personas a las cuales admiro, y casi todas son de mi familia.

Sí, sí, admiro a toda mi familia cercana, no por lo que son sino por cómo son.

Tengo la gran fortuna de tener una familia unida en torno a mis padres de los cuales también aprendo cada vez que estamos juntos.

Intento incorporar a mi forma de ser el liderazgo de mi hermana Ana, la superación de mi cuñado Jesús, la disciplina de mi hermano Ramón, la honestidad de mi cuñada Carmen, la confianza de mi hermano Juanri, la cercanía de mi cuñada Mónica, la paciencia de mi cuñado Juanfer, la templanza de mi cuñada Bea, la integridad de mi suegra Maruja, la innovación y la calidad de todos mis sobrinos, Patri, Eva, Jorge, Álvaro, Alberto, Jaime, Ana, Borja, Marina, Ariadna, Araiz.

De todos estoy en continua revisión e intentando mejorar gracias a adaptar a mi forma de ser sus habilidades personales y así llegar a ser mejor persona y por ende mejor vendedor.

Hago esta relación de virtudes, de cualidades, de valores, que existen en mi familia y mis seres queridos para que tú seas consciente de que tu forma de ser tiene sus "culpables".

Tenemos talentos innatos, de nacimiento y es vital encontrarlos lo antes posible, pero otras aptitudes o competencias las vamos desarrollando a lo largo del tiempo gracias a nuestro afán de mejorar e influidos por todo lo que nos ocurre a lo largo de los años. Y las personas más cercanas, y sobre todo las que admiramos, son los que dejan más huella en nosotros.

Piensa en qué rasgos de tu personalidad vienen dados por alguna persona querida. Seguro que son más de los que pensabas.

Hace unos años estuve en un curso en Madrid. La prestigiosa psicóloga Maryam Valera, de la que ya te he hablado, nos comentó que es fundamental para el crecimiento personal tener pareja porque es nuestro espejo diario y la persona que nos puede colocar en la senda correcta, de forma más directa, si nos desviamos de ella.

No puedo estar más de acuerdo.

Tengo la fortuna de tener una compañera de viaje que me guía y me da buenos consejos de manera desinteresada.

Montse es ese faro que toda alma libre necesita para saber llegar a buen puerto de la manera más honesta e íntegra. Además, con un extraordinario manejo de la psicología positiva, puesto que está pasando por una mala racha en temas de salud y lo está llevando mejor gracias a esa enorme capacidad que tiene para ver lo positivo de todas las cosas. Es un ejemplo de cómo sobreponerse a situaciones difíciles que es mucho más importante que llegar a un simple objetivo de ventas a final de mes.

Como puedes observar, te estoy hablando de valores y no de características de personas.

Lo importante es cómo eres, porque eso te hará diferenciarte y dejar marca como persona, e inevitablemente como vendedor.

Trabaja en mejorar y profundiza en todos los valores que he mencionado y tus probabilidades de éxito se multiplicarán.

Mención especial se merece mi Pedrito. Con tan solo diez años, es un niño que marca la diferencia por su forma de ser. Está claro que soy su padre y tengo que alabarlo, pero tiene rasgos que hacen que sea diferente. Como ejemplo contarte que este año hace la Primera Comunión, y quiere que parte del dinero que reciba, lo donemos a una entidad benéfica de Granada.

Pedrito ya está forjando su personalidad y supongo que le estarán influyendo sus circunstancias vividas, que entre ellas es ver a sus padres colaborar y organizar distintos eventos solidarios.

El valor que más desarrollado tiene, sin lugar a dudas, es la PASIÓN. Todo la hace con ilusión, con entusiasmo, con felicidad y como te podrás imaginar eso se transmite. Me contagia de esa energía positiva y por ello a él también le estoy agradecido por influirme diariamente.

Para mejorar hay cosas sencillas que haciéndolas de manera extraordinaria, de manera profesional e incluyéndolas en tu rutina te harán diferenciarte del resto de vendedores.

Lo que pasa es que nosotros mismos nos complicamos la vida, nos complicamos la forma de trabajar, cuando es más sencillo de lo que parece.

Si pusieras en práctica las siguientes cualidades que sólo requieren de actitud, te convertirías en un vendedor exitoso. Algunas personas las traen de serie y otras las desarrollan gracias a la autocrítica y al ser proactivo, es decir, a querer mejorar.

Para mí algunas son: actitud positiva, constancia, esfuerzo, responsabilidad, ganas de aprender, amabilidad, autocrítica, puntualidad, sentido común e iniciativa.

No es necesario tener estudios superiores para desarrollar estos rasgos, sólo hace falta ACTITUD.

No sé cuántas de ellas tengo desarrolladas, pero de lo que estoy seguro es que mi forma de ser como persona y como vendedor está claramente definida por las circunstancias y personas que me han tocado vivir. Por lo tanto, influida por todas las personas que han pasado por mi vida.

No quiero dejar pasar la oportunidad sin mencionar a un colectivo que hace que hoy en día sea lo que soy: mis clientes.

Gracias a ellos aprendo todo los días y voy moldeando mi forma de ser.

Quiero agradecerles que me abran las puertas de sus casas, que me traten con cariño, que confíen en mí en casi todo lo que les propongo y que me hagan sentir parte de sus negocios y de sus vidas.

A ti también te rodea tu circunstancia, pero como bien decía Ortega y Gasset : " ... y si no la salvo a ella no me salvo yo".

Así que no te olvides de que la parte más importante de tu éxito va a depender sólo y exclusivamente de tu actitud.

15

Calidad Pascual, Auara y pasión.

Una de las misiones más importantes de la vida es trabajar en algo que te guste. Yo tengo esa fortuna y además trabajo en una empresa a la que me siento muy orgulloso de pertenecer porque compartimos los mismos valores.

Esta empresa se llama Calidad Pascual.

Es fundamental que pienses en esto para que te realices como persona y como profesional en una compañía donde te sientas valorado y seas feliz en tu día a día. Si no estás realmente a gusto donde trabajas es de vital importancia, por tu salud física y mental, que vayas oteando otras opciones.

La pasión es unos de los valores claves para mi empresa y para mí. Con este valor y sintiendo que marcas la diferencia con una misión mucho más grande que uno mismo, se pueden conseguir objetivos incalculables. Cuando sientes y te crees lo que haces, eso tiene un poder de contagio positivo y transmisión, que perciben todos tus grupos de interés.

Me siento orgulloso de mi empresa, principalmente, porque siempre piensa en dar a la sociedad lo mejor y en buscar soluciones para ella en todos sus ámbitos, innovando para buscar soluciones medioambientales y mejores productos para sus clientes.

Quien tiene relación con ella, directa o indirectamente, sabe que es así.

Estoy agradecido a la vida por haberme puesto en el camino la posibilidad de realizarme como vendedor y como persona en esta empresa que es única e inigualable. Pero sobre todo de haberme dado la posibilidad de conocer y seguir conociendo personas que me hacen crecer gracias a su forma de ser. El salario emocional que recibo es infinito y por eso me siento en casa cuando hablo de Calidad Pascual.

En su afán de innovar y buscar alianzas con otras empresas que den valor a la sociedad es donde entra en juego la *startup* Auara. Esta empresa social, creada en 2015, dedica el 100% de sus dividendos a desarrollar proyectos de acceso a agua potable para quienes lo necesitan, vendiendo agua mineral en botellas fabricadas con material 100% reciclado y reciclable. Como dato relevante quiero que sepas que por cada litro de agua Auara que compres se generan 4 litros de agua potable en países en vías de desarrollo. Puedes profundizar más en https://auara.org/.

Cuando nos reunieron en Málaga para explicarnos la nueva empresa con la que iba a colaborar Calidad Pascual, no salí de mi asombro hasta que pasaron unos días. Tengo que reconocer que me costó creer que hubiese personas con ese afán tan desmesurado de ayudar, lo cual me cautivó y desde entonces tienen mi admiración.

Con la ayuda de mi empresa, Auara está teniendo unos resultados y un impacto social espectacular, que no es ni más ni menos que lo que se merecen. Los datos de agua potable que han conseguido llevar a los países donde tienen sus proyectos son descomunales y se espera que sigan creciendo gracias a la venta de agua mineral embotellada.

Auara ha revolucionado la categoría del agua mineral, liderada por uno de sus cofundadores, Antonio Espinosa. Con la visión de mejorar la vida de aquellas personas que no tienen un bien tan básico como el agua potable y con la misión de hacerlo de una forma honesta con la sociedad y el medio ambiente.

El ejemplo de Auara puede ser un resumen nítido y claro de lo que quería transmitirte con este libro.

Pasión por algo diferente, por algo que trascienda de lo cotidiano, pero llevado a su máxima expresión.

Ninguna campaña de publicidad, ni plan estratégico diseñado por el mejor gurú del marketing puede adelantar a la honestidad del trabajo realizado con un fin netamente social.

Desde el primer momento le puse un cariño especial a este producto puesto que disfruto haciendo partícipe a mis clientes de este proyecto y contándoles la historia tan interesante de su finalidad. En esta *storytelling* me suelo recrear porque descubres cómo le cambia la cara al cliente. No sé si es porque me lo creo a pies juntillas o porque al cliente le conmueve este tipo de proyectos con motivos sociales o medioambientales.

Lo importante que te quiero transmitir es que al ofrecer algo diferente, innovador y que tu propuesta va mucho más allá de una simple venta de producto/servicio, tus posibilidades de éxito se multiplican exponencialmente.

No todas las empresas tienen como visión llegar a la sociedad con una propuesta de valor tan diferente, pero cualquier vendedor tiene la oportunidad de solucionar los problemas que les surjan a sus clientes. Y es en eso en lo que te tienes que centrar para conectar con el prospecto aportándole soluciones a sus miedos o inquietudes con una propuesta que vaya más allá de una correcta relación profesional.

Pon el foco en aquello que te conmueva y emocione para llegar a tu cliente de una forma diferente y especial.

Calidad Pascual y Auara siempre están buscando la forma de conseguir ayudar a las personas que necesitan este bien tan básico como es el agua potable. Y para ello hay que potenciar la venta para así continuar con los proyectos en los países que más lo necesitan.

¿Y qué mejor que incentivar al equipo de ventas con un concurso que se llama HÉROES DEL AGUA?

Sólo el nombre ya te invita y emociona, puesto que el vencedor del mismo, con sus ventas será el que más agua potable conseguirá que se extraiga, en algún país que la necesita. Además, obtendrá el premio de visitar en África alguno de los proyectos solidarios puestos en marcha por Auara.

En el 2018, en su primera edición, me quedé muy cerca de conseguirlo. Sólo puede ganar un vendedor de los más de 200 que optamos al mismo. Pero en 2019, en la segunda edición de HÉROES DEL AGUA, sabía que lo iba a conseguir.

En esta ocasión eran tres meses de concurso, octubre, noviembre y diciembre, y cada uno de ellos tenía unos objetivos diferentes y muy retadores, puesto que no solo consistía en alcanzarlos, sino en ser el mejor de toda la compañía.

Pasión, pasión y pasión.

Con este valor conseguí mi objetivo.

Había dado lo mejor de mí.

Ya sabes eso de planificación y acción, pero sobretodo había puesto EL ALMA en conseguir este premio.

Cuando en febrero mi delegado, Diego Roldán, me comunicó que había sido el ganador del concurso, me emocioné por todas las personas del equipo que me habían ayudado, por mi mujer e hijo que hicieron carteles para el concurso, pero sobre todo me emocioné por poder ayudar a conseguir 20.000 litros de agua potable gracias a los 5.000 litros de agua Auara que vendí.

Eternamente agradecido a mis clientes, porque sin ellos esto no hubiera sido posible y así se lo agradecí personalmente y en las redes sociales.

Te puedo asegurar que este premio es el que más ilusión me ha hecho de todos los conseguidos en mi carrera profesional porque el tema solidario lo llevo en las venas. Los mensajes de felicitación fueron numerosísimos pero los que más me emocionaron fueron los de mis clientes y los de mis compañeros de equipo.

Antonio Espinosa, cofundador de Auara me llamó para agradecerme mi esfuerzo. Le contesté que era yo quien debía agradecerles el proyecto tan solidario que lideran.

Cuando Rocío, secretaría de la gerencia sur de Calidad Pascual, me llamó para felicitarme y para que le diese algún dato del secreto de mi éxito para ponerlo en la revista corporativa, le dije que el único secreto que había era haber creído en él y actuar con PASIÓN.

Cuando tu objetivo es el afán de ayudar a los demás, los resultados siempre llegan.

Empieza cada día con esa premisa. No pienses que estás ofreciendo un producto/servicio. Piensa que el cliente tiene unos miedos, unas necesidades, unos problemas, y tú tienes la solución en tus manos adaptando tu propuesta a lo que él requiere.

Céntrate en dar lo mejor de ti, en dar el mejor servicio y los resultados llegarán solos.

Quiero despedirme en este capítulo dándole las gracias a todas esas empresas que tienen la mejora de la sociedad en su ADN.

Gracias, CALIDAD PASCUAL y gracias AUARA.

Epílogo: La Amistad

La amistad es algo que no debemos imponer, pues la amistad es amar a tu prójimo desinteresadamente y prestarle tu apoyo. En esta ocasión más que un apoyo es un gran placer y respeto a la vez abordar este comprometido encargo que me hace mi gran amigo Pedro y poder dar un cumplido epílogo a esta obra, a estas confesiones o más bien a estas manifestaciones de experiencias para compartir con ustedes.

Por ello debería rogarles benevolencia, no desde una falsa retórica, sino desde la sinceridad de poderles formular el deseo de quienes como nosotros quedamos acogidos a la condición de neófitos en este reputado oficio de escritor, pues este epílogo no es de un libro académico al uso, es más un *liber amicorum* de un amigo con el que comparto todo lo en él manifestado.

Es el relato de vivencias que tanto para los que las puedan compartir como propias, como a quienes las quieran descubrir en una nueva profesión, de seguro les será tremendamente enriquecedora.

Trata de personas que sin saberlo han colaborado con sus sentimientos, su corazón y sus acciones aportando su granito de arena a que esta recopilación de experiencias haya sido posible.

La andadura de este libro comenzó a principios de este inesperado 2020, cuando las circunstancias en todo el mundo han hecho reconsiderarnos cómo poder responder a la incertidumbre de una nueva realidad. De repente nuestra vida diaria, tan acelerada en ocasiones, nos ha obligado a parar, a sentir, a pensar en nosotros, en nuestra familia, en nuestros vecinos, en nuestros amigos y, en definitiva, a recuperar la realidad de nuestra vida perdida. A descubrir que una de las mayores reflexiones globales ha sido la de valorar más las relaciones personales y a devolvernos la importancia de cuidar de uno mismo para cuidar más de los demás.

También de cómo ser más responsables y así poder adaptarnos a lo que hemos vivido y de la valentía e importancia de quienes debían proveernos de lo esencial, los comerciantes.

¡Qué gran labor!

Consideremos que gracias a su trabajo se hace el entendimiento y el buen acuerdo entre las personas y ya que hablamos de ventas, hablamos de comunicación en definitiva.

Desde su propio origen el ser humano ha sentido la necesidad de transmitir sus ideas, sus preocupaciones, sus experiencias y sus estados a sus semejantes.

Por ello, este epílogo se basa en algo clave en los comerciantes como es la confianza y la credibilidad, lo que nos vuelve a considerar con mayúsculas esa palabra, AMISTAD, tan necesaria en la humanidad y clave en todo este viaje de la verdadera función de las ventas.

Debemos por ello reflexionar sobre la amistad, pues quien no reflexiona es incapaz de ser artífice de su propia vida y haciendo uso de los griegos, base de nuestra cultura, nuestro admirado Aristóteles y su obra *Ética a NIócamo*, ya en el siglo IV a.C., comienza su libro VIII así:

"Después de esto podríamos continuar nuestro discurso hablando de la amistad. Ésta es, en efecto, una virtud, o va acompañada de virtud, y además es lo más necesario de la vida. Sin amigos nadie querría vivir, aún cuando poseyera todos los demás bienes".

Excelente binomio, amigos y clientes.

¿Cómo deseamos ser recordados?

Durante todo este tiempo habrá comprobado el lector que no existe negocio deslindado de relación, de buen trato, de experiencias agradables y finalmente de una relación perdurable de sincera amistad, más allá de los productos, de los servicios, de los precios y de la mera mercadería.

Y continúa también nuestro admirado Aristóteles en la obra referida afirmando:

"Cuando los hombres son amigos, ninguna necesidad de invocar la justicia entre ellos, pues aún siendo justos necesitan de la amistad, de manera tal que parece que son los justos los más capaces de esta amistad. Y es que la amistad no es sólo algo necesario, sino algo hermoso".

Así en cada palabra escrita se aprecia el sentimiento, la pasión y sobre todo la vitalidad de su autor con lo que con ello nos conduce a considerar que las palabras están para eso, para hacer que todo parezca más bonito. Siempre teniendo presente la importancia del reto, de competir, puesto que como todo aquel que alguna vez ha construido un nuevo cielo, encontró antes el poder para ello en su propio infierno, pues debemos aceptar que estar vivo significa caer, cometer errores y aprender de ellos, pues nada es gratis sin esfuerzo hasta conseguir la satisfacción de lo conseguido y con ello debemos afirmar con rotundidad lo hermoso de esta profesión de vendedor.

¿Puede alguien afirmar si hay algo más excitante que las relaciones humanas?

Por supuesto que no es fácil el poder evitar en este género de escritos y de manifestaciones, ciertas dosis subjetivas al transmitir experiencias, pues obviamente estará movido por un afán de poder ofrecer opiniones personales en todo aquello concerniente a lo que comente y así dejar luego espacio a que los lectores puedan pensar que este personalismo compartido percibido de este libro haya sido excesivo o bien si se ha mantenido dentro de los límites tolerables a su juicio.

Claro está, que en todo caso, lo que realmente importa considero, no es tanto eso, sino la coherencia de todo lo que aquí se reúne, se almacena, se ordena, se aconseja, se actualiza y sobre todo lo que nos aporta como reflexiones y aprendizajes de un camino a seguir, para poder continuar en la senda de la mejora continua de los vendedores expertos (a los que viene bien recordar la frase más peligrosa que pueden tener en mente: ¡Pues siempre lo hemos hecho así!).

Con la lectura de estos capítulos has podido iniciarte y descubrir esta hermosa profesión para quienes quieran comenzar con buen pie esta hermosa andadura de la relaciones comerciales, pues debemos desmitificar la posible equivocada prensa dada a la tarea de vendedor ya que no vivimos igual lo que hacemos cuando encontramos sentido en ello.

No podemos cambiar la realidad pero sí como vivirla.

Por ello nunca perdamos la curiosidad, pues cada vez más estamos progresando de una gestión tradicional a una gestión profesional más adaptativa y hay que reinventarse continuamente. No basta con pasar los días, tienes que lograr que lo que haces hoy contribuya a que pases mejor los días siguientes.

Mi gran amigo Pedro ha conseguido con este libro dar un sentido coherente y completo a todo lo que es el buen hacer de un VENDEDOR con mayúsculas.

Vicente Saucedo